U0015112

宋明理學綱要

蔣維喬 楊大膺 著

香港中和出版有限公司
www.hkopenpage.com

出版緣起

　　本書由蔣維喬和楊大膺編著。蔣維喬（1873—
1958），字竹莊。青少年時，因主張「不主故常，而唯其
是從之」而自號因是子。江蘇武進（今常州）人。著名教
育家、哲學家、佛學家。曾先後人江陰南菁書院和常州
致用精舍深造，棄八股文，研究西學。除與楊大膺合作
編著的本書之外，另著有《因是子靜坐法正續篇》《中國
佛教史》《中國近三百年哲學史》《佛學概論》等。楊大膺
（1903—1977），江西上饒人，民國著名學者，著述頗豐，
其中有較大影響者除與蔣維喬合編的本書之外，另有《荀
子學說研究》《孔子哲學研究》《孟子哲學研究》等。蔣維
喬和楊大膺還合作編著過《中國哲學史綱要》。

　　《宋明理學綱要》用概論的體例編制，運用理學家自
己研究之綱目，對宋明理學進行了全面的梳理，「於其

不合於現在者去之，於其缺漏者增之」，分為論道體、論為學、論存養、論政治四綱目，並逐一作了簡明扼要且深入淺出的論述，為後來宋明理學的研究初步確定了規模、問題，並為後來研究的深入做了先導。

本書於 1936 年 4 月由中華書局印行，發行代表人陸費逵。此次出版即以此版本為底本組織編輯整理，按現代漢語規範處理了標點符號，徑改書中刻印錯誤，餘則保持底本原貌。

目　錄

敘　文

　　我國學術思想，在周秦之際，勃然奮發，為創造時期。自兩漢迄隋唐，無大進展，為因襲時期。迨宋代周張諸子出，遂組織清新之理學；直至於明，大儒輩出，在學術上放一異彩，世稱之曰宋明理學。

　　宋人何以能創此理學？則以佛教自漢代入中國以後，其思想高遠，學理深邃，將我國之原來思想，一切征服，儒家僅存空名。至唐代韓愈，乃起反動，盡力排斥佛教，然韓愈並不知教理，不過作幾篇文字，任意謾罵，於佛教毫無所損。宋初諸儒則不然，於佛教之理，先從事研究，然後取其方法，來更新儒家之面目，故理學之興，不能不說與佛教有深切關係。

　　因此世人評論，多謂宋明理學，陽儒陰佛，已非儒家之本來面目；又謂既取佛家之長，轉而排佛，居心如

此，對宋儒深致不滿；此則皮相之見，未研究理學之內容者也：須知宋儒所取於佛者，乃其精細繁密之研究方法，用此工具，打破兩漢以來之因襲，將儒家之所謂「性」，所謂「道」，所謂「陰陽」等等，一一分析而闡明其內容，故能使儒家面目更新耳。至於佛教乃出世間法，是唯心的；而理學則是世間法，是唯理的；外貌略似，而內容則迥乎不同，皮相之論，何足道哉！

宋儒之創理學者，如北宋之周張程，初非徒尚高論，皆能躬行實踐，卓然為當世宗師。南宋朱熹人格之偉大，尤為孔子以後第一人。迨明朝之王陽明，更能削平大難，學問事功，震耀古今。故宋明理學之可貴，不但在學術，而亦在諸儒之人格也。

理學廣大精深，欲以區區數萬字，說明其內容，頗非易事。着手時與楊大膺往反磋商，先定體例，以為要述理學綱要，須把住整個理學之核心，方可窮源竟委，令讀者明了。故取理學家自己研究之綱目，為之整理，於其不合於現在者去之，於其缺漏者增之，分為四綱若干目。商定之後，由大膺起草，每成一綱，寄我修改。如是年餘，方成此冊。固不敢認為完善，然已竭我等之心力矣。今屆付印，述其始末於簡端。

民國二十四年一月蔣維喬敍於因是齋

凡　例

一、本書體例已在緒論上約略說明，現在還有幾點須加以敘述的。

二、本書應和拙著《中國哲學史綱要》中間的理性章參看，因二書的材料是相同的；但編製方法不一。《中國哲學史綱要》是拿哲學史的體例編製的，所以偏重問題的發生及其變化的說明。本書是拿一種概論的體例編製的，所以偏重問題的各端的敘述。因此前者有時敘述較簡，但較有系統有線索。本書卻較詳細較明顯。且《中國哲學史綱要》中間的理學思想是從《大學》《中庸》敘起的，本書卻只從周子敘起。如果能將二書互相參閱，那所得的理學的觀念，必較清晰且深刻。

三、本書因篇幅有限，關於引證方面，也只限於周、邵、張、二程、朱、陸、王八人的話，其餘一概從略。

四、本書有數處引述的話，是間接從《近思錄》引來的，本應注明原書名稱及其卷數，但因《近思錄》所引各家的話，和原書文句出入甚大，所以不必注明，只注《近思錄》的卷數，以便參考。

緒論上

　　大凡做一件事，最可憂慮的，就是名不符實。如果名不符實，那就犯了荀子所說的以名亂實，或以亂實名的毛病。現在合編這部《宋明理學綱要》，絕對要避免這種毛病；但要避免這種毛病，第一步要做到的，就是先研究書名的意義，然後再審定這樣的書名，應當有甚麼內容。所謂宋、明理學，是在中國宋、明兩個朝代所發生的，所以冠上宋、明兩個字，表示和其他朝代所發生的學問不同。至於叫做理學，那完全是根據它的內容而定的。因為它所討論的對象，是宇宙一切事物的道理。例如宇宙成形的道理，人類生成的道理，怎樣做人的道理，怎樣治國的道理等；同時又是拿理當做宇宙萬有成形的原質的，所以叫做理學。

　　所謂《宋明理學綱要》，是一種書名。為甚麼叫做

綱要呢？因為這種書是敍述宋、明理學的大綱節目的，不是寫它的詳細組織的。至於它的發展情形，別有《宋明理學發展史》去敍述。這派學者的歷史，別有《宋明理學家史傳》去敍述，這些都不關涉本書的範圍。《性理精義‧凡例》上說：「……欲考其詳，自有《伊洛淵源錄》，《通鑑綱目》等書在焉。此書以性理為名，但令學者用心實學以知聖德王道之要。……」也正和我們一樣的意思。

從上面的研究，這種書名的內容，既是敍述宋、明理學的大綱節目的，所以要想名實相符，就不能和這點相違背。但是理學的大綱節目，到底是怎樣的呢？到底哪幾點是應該討論的呢？關於這些，我們並不能擅自主張，只有把理學家自己所劃分的綱目，拿來做一種參考，根據他們的標準去討論。但自來理學家，對於理學所討論的對象，雖然詳密，卻少有人把它加以分類，到後來朱子出來，因為編訂《近思錄》，才把理學所討論的對象，分為十四類：第一類論道體，第二類論為學，第三類論格物窮理，第四類論存養，第五類論改過遷善，第六類論齊家之道，第七類論出處進退辭受之義，第八類論治國平天下之道，第九類論制度，第十類論處事之方，第十一類論教學之道，第十二類論改過及人心疵病，第十三類論辨異端之學，第十四類論聖賢氣象。後

來張南軒編次《二程粹言》，又分為十類：第一類論道，第二類論學，第三類論書，第四類論政，第五類論事，第六類論天地，第七類論聖賢，第八類論君臣，第九類論心性，第十類論人物。在這兩種分類中間，雖然彼此稍有差異，但沒有大出入。不過朱子所分的稍微詳細，南軒所分的比較簡括。事實上，朱子沒有超出南軒的範圍，南軒也沒有超出朱子的範圍。為甚麼彼此不會大出入呢？這也因為理學本身，只有這些綱目，如果任意添減，那就失了它的本來面目了。朱子和南軒都是理學大家，自然他們都深明理學內容，決不會亂分的。現在我們為便於敘述起見，在這兩種分類中間，暫取朱子所分的做根據，但朱子沒有分開綱目的，只統分為十四類。現在我們把它分為綱目，而以綱統目。計四綱：第一綱論道體，第二綱論為學，第三綱論存養，第四綱論政治。第一綱統太極，太和，理，氣，陰陽，心性，生，鬼神，人物等。第二綱統為學大要，格物，窮理及教學之方等。第三綱統涵養改過遷善，克己復禮，出處進退辭受之義，改過及人心疵病，聖賢氣象等。第四綱統齊家之道，制度，處事之方及治國平天下等。但聖賢氣象並不別立一目，只包括在為學大要一目裡略述。至於論異端之學，因為這是理學家對他家的批評，不在理學自身的範圍，所以把它刪除。我們這種編制，完全是拿理學本

身為中樞的，這樣方才說得上是一部《宋明理學綱要》。有些人編撰《宋明理學綱要》，拿理學家為中樞，如分周子、張子、二程子、朱子、陸子、王子等編，這種編制，就不能說是《宋明理學綱要》，只能說是理學家概論，這不特名與實不符，並且敘述極難得體。因為理學家很多，如果要個個敘入，那是一部學案，如果擇要敘述，拿幾人做代表，那又不能表示整個的理學。所以我們一方面為顧到名實相符，一方面因為篇幅有限，不能詳盡敘述，只好就理學本身的分類，用簡馭繁，綱舉目張，叫讀者得此小冊，也可明白理學的全部了。

緒論下

宋、明理學，本是一種獨立的學問。但它的成形，和他種科學不同；他種科學是受社會進化必然的驅使，或研究者的努力而發現的。這理學是由中國過去的幾大派思想及佛家思想正面和反面的刺激或暗示所鼓動的——當然也有社會的背景，但這力量很小——所以我們現在來做這部書，對於宋、明理學以前有關係的幾派思想，要略述一下：

中國思想，在先秦時，有所謂儒家、道家、墨家、法家、名家、雜家等派，在這些派別中間，和理學正面有密切關係的，要算儒家和道家的思想。在儒家思想中間，尤以孔、孟及《易經》《大學》《中庸》的思想為最重要。漢興，學風一變，以前的學者是偏於研究義理的；漢代忽偏於研究訓詁考據和辭章。這兩種學，雖然有它

本身的長處，我們不能一例輕視，但不切於實際的應用和人生的追求。所以這兩種學，後來就給理學一種反面的刺激，這也算是和理學有關係的。至於佛學，早到中國，就正史上記載，是漢永平時代傳來的。佛學自傳入中國以後，它的勢力日漸膨大，朝野智能之士，大多崇拜着，故自漢而後，中國各代的思想，多少都和佛學發生關係，理學也逃不了這個圈套。儒家思想，論它的總體，是偏重人事而少談天道的。是主張人率其性，做行為的總樞紐的。是主張以仁義禮信為治國規範的。是積極務實，愛己及人，求圓滿的人格的。論它的分別：那麼，孔子主張性無善惡，惟視環境的熏染如何。注重德禮，而以仁為人生追求的目標，並且極端注意道德的修養。孟子主張性善，認為仁、義、禮、智四端皆天賦於人，主張擴充人的善性；但以義為追求仁的路徑，故仁義並重。也主張以道德修養為人生的急務；更以為物質的力量，可幫助人們道德的修養。所以說：「養生送死無憾，王道之始也。」荀子主張性惡，認為禮義是聖人所制定用以擾化惡性，而使變為善的。他不主張純粹的感化，而主張相對感化，所以禮刑並重，凡不從禮義教化的人，就誅之以刑。又認為人生而有慾，這慾就是形成性惡的原因。也重視物質力量，以為物質可以左右道德的修養，所以也極力主張富國裕民。這三人的思想，

要算孟子的思想和理學關係最深。孟子的性善及四端天賦，或良心天賦的話，是理學家最重要的部分。儒家的思想，除了上述三個人的思想以外，還有《大學》《中庸》裡的思想。這兩部書的思想，大致和孔、孟相同，而稍近於孟子。至於和孔、孟不同的地方，那就是《大學》《中庸》裡多論天道性命，並且具體的提出了道 —— 誠 —— 做宇宙萬有的本質，開理學以理為本體的先河。所以理學家集合孔、孟及《大學》《中庸》的思想，和《易經》一部唯生的宇宙的思想，就創立了理學。

道家思想，是從天道講到人道的，它一面研究宇宙事物的生成，一方面仿效自然的法則，積極修養身心。又把道當作宇宙萬物形成的本質，而從消長法（或對演法或辯證法）說明宇宙現象是矛盾的。於是主張清靜無為，返璞歸真，超脫矛盾的痛苦。這種以道為宇宙萬有的本質，及積極修養身心的思想，與理學大有關係，理學以太極為本體，雖說是承受《易經》的思想，但道家的道，多少也給了理學一些影響。至於主張身心的修養，那可以說完全是受道家的影響的。

訓詁考據辭章之學，本身雖然不是研究思想的；但是因為這種學偏於機械和過於浮華，引起理學家的反感，於是主張捨經言心，就反對訓詁考據的瑣碎和詞章的雕琢，主張研究心學，這心學就是理學。所以這些學

問，也和理學有關係的。

　　至於佛家思想，它是以心為萬物的本體的，就是認為宇宙萬事萬物都是心的幻象，宇宙中間，沒有真實獨立存在的東西。它的人生觀是唯苦的，苦就是人生的象徵。生、老、病、死，就是苦的四個階段，這四個階段，是人生必經的途徑，誰也逃避不了的。從上面的本體觀，於是演繹出它的出世觀，因為宇宙萬物都是因緣湊合的現象，是假的，不是真的，叫人們用觀心方法，離開假的幻境，造乎絕對的真境，就可超出生死，去苦得樂。至於觀心的修持方法，有多種，概括的說：就是禪定功夫。這種工夫，和理學家的修養，也有關係的。佛家還有最嚴密的唯識論，是關於認識問題的。對於宇宙萬有以及心象，用極精細的分析法。宋明諸儒，採用這種方法，來研究學問，就創成前古未有的嶄新理學，這可見佛家的方法，和理學有很大的關係。

　　上面是儒、道、佛三家思想，說明三者和理學的大略關係，因為篇幅有限，不能列舉詳細的因緣，加以比較。讀者用這種眼光去檢討，可以舉一反三，這也是研究學問應有的態度。

第一綱

論道體

第一目　總　論

這綱所討論的是理學的宇宙論。計包括太極、太和、理、氣、生、陰陽、心性、鬼神、人物等目。這綱所用的名詞，都是舊名詞，因為這樣可以保存理學的本來面目。這綱所有的節目，在朱子《近思錄》裡本來是沒有；但因這幾點，非常重要，並且為敘述便利及閱者一目瞭然起見，所以把它們分開敘述。

第二目　太　極

自周子應用《易經》裡所說「太極」的形上理想，為宇宙間一切事物的根源以後，於是太極就佔了理學最重要的地位。周子認為太極是宇宙萬事萬物最初步的根源。由太極自身的變動——動靜，它的本身上，表現出陰陽，這陰陽就是萬事萬物第二步的根源。再由陰陽的變合，生出五行：水、火、木、金、土，這五行就是萬物第三步的根源。所謂陽變陰合，就是陰陽自身所包含成分多寡的差異。有了差異，於是形成五行。雖是五行，原不離陰陽兩種元素。但因盛陰、盛陽、稚陰、稚陽的關係，才現出五種的不同。好比 H_2O 和 H_2O_2 同是氫氧兩種元素的化合物，但因氫氧成分的多寡，就生出彼此

的不同：一為水，一為二氧化二氫了。有了太極，有了陰陽，又有了五行，於是這些東西，隨着一種神妙的配合，復凝成兩種正反的氣，這兩種氣的交感 —— 直接相配合，就是天氣或男氣，和地氣或女氣，由或有形的配合叫做交。間接的或無形的配合叫做感。—— 於是化生萬物，這時所化生的萬物，是最原始的祖先。有了這些原始的萬物以後，再一代一代嬗遞下去，所謂萬物生生不已，於是宇宙間的物，就變化無窮了。這就是周子所說太極為萬物根源，和萬物生成的程序。他的《太極圖說》裡有云：

> 太極動而生陽，動極而靜；靜而生陰，靜極復動。一動一靜，互為其根，分陰分陽，兩儀立焉。陽變陰合，而生水火木金土。五氣順佈，四時行焉。五行一陰陽也，陰陽一太極也。太極本無極也。五行之生也，各一其性，無極之真，二五之精，妙合而凝：乾道成男，坤道成女，二氣交感，化生萬物，萬物生生，而變化無窮焉。

至於太極的本身，到底是怎樣的呢？我們可以分開兩方面來說：就作用而論，太極是萬物的根源。朱子說：

聖人謂之太極者，所以指夫天地萬物之根也，周子因之，而又謂之無極者，所以著夫無聲無臭之妙也。《朱子文集大全類編》第六冊問答卷十六答楊子直書之一

象山說：

太極亦何嘗同於一物，而不足為萬化根本邪？《象山全集》卷二與朱元晦書一

就其性質論，太極是一個實理。所以朱子說：

太極只是一個理字。《朱子語類》卷一理氣上太極天地上

象山說：

夫太極者，實有是理，聖人從而發明之耳。同上

太極是理，理是一種想像的東西，所以他們說它是形而上的東西。周子原來認為太極是不能直接創造萬物的，須要經過許多的變化，生出有形之氣，才能創造萬

物出來。至於說太極創造萬物後，太極的本身又存在事物中間，所謂物物各有一太極，周子並沒有明白說出，那是後來朱子註《太極圖說》才把它詳細解釋的。朱子說：

> 各一其性，則渾然太極之全體，無不各具於一物之中。《性理精義．太極圖說》朱子註

太極的理論及其意義，從周子倡導以後，張、程諸子，沒有提出反對的話——也許是贊同的；但也未嘗對周子所說的太極加以精細的演述。所以他們的書裡，很少有關於太極的話，無怪朱子說：

> 抑嘗聞之：程子昆弟之學於周子也，周子手是圖以授之，程子言性於天道，多出於此，然卒未嘗以此圖示人。《性理精義．太極圖說》朱子註

張敬夫答朱子說：

> 二先生所與門人講論問答之言，見於書者詳矣，其於《西銘》蓋屢言之；至此圖則未嘗一言及也。見朱子《太極圖說》註後記

到了朱、陸時代，他們才把太極的意義，精細的討論過，其中尤以朱子用力最多。朱子曾經註過《太極圖說》，又和陸氏兄弟爭論過無極而太極的名義。不過周子太極的思想，經過朱子的解釋，於是唯理的一元論，就變為理氣二元論。經過陸氏的爭論，於是帶有道家的色彩的理論，就變為純粹理學的自己面目。等到後來黃梨洲作《太極圖說講義》說：

> 通天地，亙古今，無非一氣而已。氣本一也，而有往來、開闔、升降之殊，則分之為動靜，有動靜則不得不分之為陰陽；然此陰陽之動靜也，千條萬緒，紛紜膠轕，而卒不克亂，萬古此寒暑也，萬古此生長收藏也，莫知其所以然而然，是即所謂理也，所謂太極也。以其不紊而言，則謂之理，以其極至而言，則謂之太極，識得此理，則知一陰一陽，即是為物不貳也。

於是唯理的一元論，又變為唯氣的一元論，而理只為幫助氣生長萬物的自然規律。

這是關於太極思想變遷的大略情形，至於理學自身的本體觀變遷情形，當在後面附帶說明。

第三目 太 和

「太和」是張子所創立的宇宙本體。張子雖沒有反對
周子所提出的本體；但他並沒有沿用「太極」這個名詞。
他特別提出了「太和」這個名詞，來命名宇宙的本體。不
過名詞雖不同，而「太和」與「太極」所包涵的意義，完
全是相同的。太極是宇宙萬物的根源，太和也是宇宙萬
物的根源。太極有動靜兩性，太和也有動靜兩性。太極
是形而上的，太和也是形而上的。太極因動靜的緣故，
生出氣與神（即誠），太和也因動靜的緣故，而生出氣與
神。所以周子說：

> 太極動而生陽，動極而靜，靜而生陰。……陽變
> 陰合，而生水火木金土。見前

這就是說太極生氣。又說：

> 大哉乾元，萬物資始，誠之源也。《周子通書》誠
> 上第一

這就是說太極（乾元）生神（誠）。
張子也說：

太和所謂道，中涵浮沉、升降、動靜相感之性，是生絪縕、相蕩、勝負、屈伸之始。其來也，幾微易簡；其究也，廣大堅固，起知於易者乾乎？效法於簡者坤乎？散殊而可象為氣，清通而不可象為神。《張子全書》卷二正蒙太和篇第一

至於神氣二者的作用，也是相同的。周子認為氣生有形的萬物，故為人物之源。神生無形之智，故為性命之源。所以他說：

五氣順佈，四時行焉。……二氣交感，化生萬物。見前

這是說氣的作用。

神發智矣，五性感動，而善惡分。周子《太極圖說》

誠者，聖人之本。……乾道變化，各正性命，誠斯立焉。《周子通書》誠上第一

這是說神的作用。

張子說：

> 太虛無形，氣之本體。……氣不能不散為萬物。

《張子全書》卷二正蒙太和篇第一

這也是說氣的作用。

> 神化性命，通一無二。同前

這也是說神的作用。

不過，太和與太極的意義雖同，但太極所生的氣，和太和所生的氣，卻有些不同。太極所生的氣，比較玄虛，同時形成萬物的歷程，也比較複雜。這話可以用前面所引的周子的話來作證，用不着再述。太和所生的氣是實有的。形成萬物歷程，也很簡單，只要「一聚」就得了。所以張子說：

> 若謂虛能生氣，則虛無窮，氣有限，體用絕殊，入老氏有生於無自然之論。同前

這點可以證明太和所生的氣是實有的，不是虛幻的。

> 太虛不能無氣，氣不能不聚而為萬物。萬物不能不散而為太虛，循是出入，是皆不得已而然也。同前

這點可以證明氣的形成萬物，只須經過「聚」的一個歷程。

至於太極的氣，形成萬物，要經過複雜的歷程，這是因為氣自身的形成，是要經過很複雜的歷程的：最初經過太極的變動，其次經過陰陽的變合。太和所生的氣，所經過的歷程，是很簡單的，只要太和一散就成功了。所以張子說：

　　散殊而可象為氣。見前

　　太虛無形，氣之本體。……氣之聚散於太虛，猶冰凝釋於水。同前

第四目　理

「理」這樣東西，理學家也認為是一種宇宙萬事萬物的本質，正和太極太和一般，不過太極太和，是就這種本質的地位及其力量來命名的。理卻是就這種本質和事物的關係及其作用來命名的。所以前者是本質的專名詞，後者是本質的普通名詞。現在把我們的證據，引述於後。

朱子說：

太極只是天地萬物之理。《朱子語類》卷一太極天地上

象山說：

極亦此理也。《象山全集》卷二與朱元晦書二

這可以證明太極即是理。

且夫大傳之太極，何也？即兩儀四象八卦之理，具於三者之先，而蘊於三者之內者也。聖人之意，正以其究竟至極，無名可名，故特謂之太極。《朱子文集大全類編》第六冊問答卷七答陸子靜書五

這可以證明太極的命名，是由於它的地位及其力量的。

理是一把線相似，有條有理。如這竹籃子相似，指其上篾曰：一條子恁地去，又別指一條曰：一條恁地去。又如竹木之文理相似，直是一般理，橫是一般理。《朱子語類》卷六性情之仁義禮智等名義

這可以證明理的命名，是由於他和事物的關係及其作用的。

太極本是一個老名詞，周子重新倡用的。太和卻是張子所創的。他們兩人，因為用了專名詞去說明萬有的本質，所以沒有用理這個普通名詞。到了二程子的時候，就拋棄了太極和太和這兩個專名詞，用理這個普通名詞。所以二程子說明宇宙萬有的本質的時候，都是用理字的。例如說：

　　　天地生物，各無不足之理。《二程遺書》卷一二先生語一

　　　萬物能有是理；至如一物一事，雖小皆有是理。同上卷十五伊川先生語一

這兩句話的意思，是說理是造成萬物的本質的，所以萬物都有充分的理，和朱子解釋太極所說的「在萬物言，萬物各有太極」的意義相同。但是程子並不說「天地萬物各無不足之太極」。這足見程子和周、張不同。

不過彼此不同，也有他們不同的原因。為甚麼呢？就是周、張所主張的，是一元的本體論。所以他們極力推崇太極和太和，認為太極和太和的力量，可以產出理與氣。這話已在前面講過了。至於二程子呢？他們是主

張理氣二面論的，說宇宙萬有，由於理和氣所造成的。而理與氣是相互並行的。凡有理就有氣，有氣也就有理。理氣二者，既彼此不能分開，互為主宰，彼此的上面，也就沒有一種更高的東西。例如程子說：

> 有理則有氣。《伊川經說》卷一易說繫辭
>
> 質（氣）必有文（理），自然之理也。理必有對，生生之本也。有上則有下，有此則有彼。有質則有文，一不獨立，二必為文。非知道者，孰能識之？《二程粹言》卷一論道篇

就可以證明二程子所說的是理氣相互連繫的理氣二面論。有了這種主張，所以他們要用理的普通名詞，而不用太極的專名詞。為甚麼呢？因為理與氣相連，彼此不能分開。要說氣，必定要說理的。

用理這個名詞，去說明宇宙萬有的本質，自從二程子以後，後進的理學家，都是如此的。不過理氣的關係，稍有分別罷了。朱子是一位拿理當作宇宙萬有的本質的。所以他說：

> 天地之間，有理有氣。……是以人物之生也，必稟此理，然後有性；必稟此氣，然後有形。《朱子文集

但從這句話中間，我們可以知道朱子、程子不同的一點。哪一點呢？就是程子主張理氣二面論的。朱子卻是主張理氣二元論的。所以程子說：「有理則有氣。」朱子僅說：「有理有氣。」程子運用一個則字，表現出理氣彼此相互的密切關係。朱子拋了一個則字，表現出理氣彼此分立的關係。所以朱子又說：

> 所謂理與氣，此決是二物。同上，卷十七答劉叔文一

但從兩者形成事物的關係來說，彼此還是互相密合的，所以朱子接着又說：

> 但在物上看，則二物渾淪，不可分開，各在一處；然不害二物之各為一也。同上

除了朱子以外，陸象山、王陽明等都是同樣拿理去說明宇宙萬有的本質的。所以象山說：

> 此理在宇宙間，未嘗有所遁隱；天地之所以為天

地者，順此理而無私耳。人與天地並立而為三極，安得自私而不順此理哉？《象山全集》卷十一與朱濟道書

陽明說：

心之本體，即是天理。《陽明全集》傳習錄中答問道書之一

現在還有一點要敘述的，就是「理一分殊」的問題。「理一」是說萬物的形成，都是同一個原理的。這原理是甚麼？就是生物的造成，都是由兩性而來的。這兩性是甚麼？是乾父坤母。「分殊」是說天地萬物雖一理而生，但因萬物是由二氣交感而成的，氣的化生萬物，又是有先後的，所以同屬血緣，個個要先愛他們自己的父母，和他們的兒女。因此天地間的生物就生出：大小的分別，親疏的差等，和貴賤的不同，這就是分殊。

說明理一分殊的道理的人是張子。他的《西銘》一篇文章，完全是闡明這個道理的。現在節述在下面：

乾稱父，坤稱母，予茲藐焉，乃混然中處。故天地之塞，吾其體；天地之帥，吾其性。民吾同胞，物吾與也。大君者，吾父母宗子，其大臣，宗子之家相

也。……《張子全書》卷一西銘

建立這理一分殊名詞的人是程子。他在給他的弟子楊時《論西銘書》裡曾說過：

　　《西銘》明理一而分殊。《伊川文集》卷五與楊時論西銘書

這個問題，自張子闡明，經程子建立，再加朱子的解釋和註說以後，就非常顯明了。現在把朱子所說的話，引一段在下面：

　　論曰：天地之間，一理而已，然乾道成男，坤道成女，二氣交感，化生萬物，則其大小之分，親疏之等，至於十百千萬而不能齊也。不有聖賢者出，孰能合其異，及其同哉？《西銘》之作，意蓋如此。程子以為明理一而分殊，可謂一言以蔽之矣。蓋以乾為父，以坤為母，有生之類，無物不然，所謂一理也。而人物之生，血脈之屬，各親其親，各子其子，則其分亦安得而不殊哉？一統而萬殊，則雖天下一家，中國一人，而不流於兼愛之弊。萬殊而一貫，則雖親疏異情，貴賤異等，而不梏於為我之

私，此《西銘》之大指也。朱子《論西銘》見《張子全書》卷一西銘篇後

第五目　氣

「氣」這樣東西，也是宇宙的本質，和理的地位相同。從前面所引的周子、張子的話說中間，已經可以看到大概，現在再引些話來證明。程子說：

> 萬物之始皆氣化。《二程遺書》卷十八伊川先生語四

朱子說：

> 天命流行，必二氣五行，交感凝聚，然後能生物也。《朱子文集大全類編》第七冊雜著卷之三明道論性說

陽明說：

> 風、雨、露、雷、日、月、星、辰、禽、獸、草、木、山、川、土、石與人，原只一體。故五穀禽獸之類，皆可以養人，藥石之類，皆可以療疾；只為

同此一氣，故能相通耳。《陽明全書》卷三傳習錄下

理與氣雖同為造成萬物的本質，但彼此的性質和功用卻有些不同。現在先說理和氣的自身的性質。

理是一種理想的，抽象的，形而上的，看不見，捉摸不着的東西。所以張子說：

　　清通而不可象為神（神即理）。見前

程子說：

　　道（理）太虛也，形而上者也。《二程粹言》卷一論道篇

朱子說：

　　理也者，形而上之道也。《朱子文集類編》第六冊問答卷二十九答黃道夫書

至於氣呢？它是一種現實的，有象的，形而下的東西。張子說：

散殊而可象為氣。見前

程子説：

陰陽氣也，形而下也。同前
以氣明道，氣亦形而下者耳。《二程粹言》卷一論
道篇

朱子説：

論性氣也者，形而下之器也。同前氣則形而下
者也。《朱子文集大全類編》第七冊雜著卷之三明道論性説
凡有形有象者，皆器也。同上第六冊問答卷之七答
陸子靜六

理氣的功用：

理是形成一種事物的基本原則，好像一種模型。至
於氣呢？是造成事物的原料，這種原料，隨着理的線索，
形成出一種有形有象的物件出來。所以理是形成事物的
性的。氣卻是形成事物的質的，周子所説的：

二氣交感，化生萬物，萬物生生，而變化無窮

焉；惟人也，得其秀而最靈。形既生矣⋯⋯

可以證明氣是創造物的形質的。

⋯⋯神發智矣。以上均周子《太極圖說》

可以證明理是創造物的性的。

除了周子以外，還有張子、程子所說的話，可以證明。例如張子說：

氣聚則離明得施而有形。《張子全書》卷二正蒙太和篇第一

程子說：

有形總是氣。《二程遺書》卷六二先生語六

浩然之氣，既言氣，則已是大段有形體之物。《二程遺書》卷十五伊川先生語一

朱子說：

氣也者⋯⋯生物之具也。見前

都可以證明氣的功用，是創造物的形質的。

張子所説的：

> 神化性命，通一無二。《張子全書》卷二正蒙太和篇
第一

程子説：

> 所謂人者，天地之心，及天聰明自我民聰明止，
謂只是一理。《二程遺書》卷十五伊川先生語一

朱子説：

> 性者理之全體，而人之所得以生者也。《朱子文集
大全類編》第七冊雜著卷之三盡心説
> 理也者……生物之本……是以人物之生，必稟此
理，然後有性。見前

都可以證明理是創造物的性的。

理與氣既同是宇宙萬有的本質，那麼這兩種東西，
到底哪樣先有，哪樣後有呢？

據我們研究，在周子、張子思想中間，因為理與氣

都是由太極或太和所生，所以彼此沒有先後的程序。程子呢，他是主張理氣互主，有理便有氣，有氣便有理，彼此不能分離，所以也沒有先後的程序。惟有朱子，因為他所主張的是理氣二元論，理與氣分開。理與氣既分開為兩樣東西，那麼自然有先後了。據朱子的意見：理先有而氣後有。所以他說：

> 理與氣本無先後之可言，然必欲推其所從來，則須說先有是理，然後有是氣。《朱子語類》卷一理氣章

理與氣的性質、功用，和它們的程序，既說過了，現在要來敘述理與氣二者對物的關係程度。

理氣對於物的關係程度，是彼此不相同的。理對於物是無所虧缺的，所以物物都有充分的理。例如程子說：

> 天地生物，各無不足之理。見前

朱子說：

> 論萬物之一原，則理同而氣異。《朱子文集大全類編》第六冊問答卷之十七答黃商伯四

象山説：

> 千萬世之前，有聖人出焉，同此心，同此理也。
> 千萬世之後，有聖人出焉，同此心，同此理也。東、
> 南、西、北海有聖人出焉，同此心，同此理也。《象山
> 全集》卷二十二雜著雜説

陽明説：

> 聖人之所以為聖，只是其心純乎天理……以夷、
> 尹而廁之堯、孔之間，其純乎天理同也。《陽明全書》
> 卷一傳習錄上

都可以證明理對於物的關係，都是同樣的程度，沒
有甚麼虧缺偏全的。至於氣對於物，卻有偏全了。例如
周子説：

> 二氣交感，化生萬物，萬物生生而變化無窮焉；
> 惟人也得其秀而最靈。見前

程子説：

人生氣稟，理（此理字非指實理言，是指理當如此）有善惡，然不是性中原有此兩物相對而生也。有自幼而善，自幼而惡，是氣稟有然也。《二程遺書》卷一二先生語一

張子說：

性通極於無氣，其一物爾。……人一己百，人十己千，然有不至，猶難語性，可以言氣。《張子全書》卷三正蒙乾稱篇第十七

象山說：

人生天地之間，稟陰陽之和，抱五行之秀，其為貴，孰能加焉。《象山全集》卷三十程文天地之性人為貴論

陽明說：

然聖人之才力，亦有不大小同，猶金之分兩有輕重。《陽明全書》卷一傳習錄上

都可以證明氣對於物的關係，有多少偏全之不同。

理對事物既是同樣的關係，那麼由理所造成的東西，自然也沒有甚麼差異。至於氣因為它對於物有偏全的關係，由它所造成的東西，就有很多的差異。程子說：

> 性出於天（理），才出於氣，氣清則才清，氣濁則才濁。……才則有善與不善，性則無不善。《二程遺書》卷十九伊川先生語五
> 語其性皆善也，語其才則有下愚之不移。《伊川易傳》卷四下經下草上六傳

張子說：

> 人之剛柔緩急，有才與不才，氣之偏也。天本參和不偏。《張子全書》卷二正蒙誠明篇第六

象山說：

> 人生天地間，氣有清濁，心有智愚，行有賢不肖，必以二塗總之；則宜賢者，心必智，氣必清；不肖者，心必愚，氣必濁。《象山全集》卷六與包詳通書一

從上面的研究，可知道氣是有形體的形而下的東

西。有形體和形而下的東西，自然有它自身的本質或生滅。所以現在要討論這兩個問題。

關於這兩個問題，都有兩種意見：張子主張氣的本質就是太虛，太虛就是自然的太空。他說：

> 太虛無形，氣之本體。

> 知虛空即氣，則有無隱顯，神化性命，通一無二。……若謂虛能生氣，則虛無窮，氣有限，體用絕殊，入老氏有生於無自然之論。以上均正蒙太和篇第一

程子主張人氣生於真元，天氣自然而生。所以他說：

> 人氣之生，生於真元，天之氣亦自然生生不窮。

《二程遺書》卷十五伊川先生語一

張子主張氣沒有生滅，只有聚散或伸屈。這點和現在物理學上物質不滅的道理相同。他說：

> 太虛不能無氣，氣不能不聚為萬物；萬物不能不散為太虛；循是出入，是皆不得已而然也。

這是說氣有聚散。

氣聚則離明得施而有形，氣不聚則離明不得施而無形。方其聚也，安得不謂之客？方其散也，安得遽謂之無？

氣之聚散於太虛，猶冰凝釋於水。

其（氣）聚其散，變化之客形爾。以上均《張子全書》卷二正蒙太和篇第一

這是說氣只有伸屈和聚散，沒有甚麼生滅。並且聚的氣也就是散的氣，散的氣也就是聚的氣，這是一種唯有的宇宙觀。至於程子恰和張子相反。所以程子的話就更虛玄了。現在引一段加以證明：

若謂既返之氣，復將為方伸之氣，必資於此，則殊與天地之化不相似。天地之化，自然生生不窮，更何資於既斃之形，既返之氣，以為造化？近取諸身：其開闔往來，見之鼻息；然不必須假吸復入以為呼，氣則自然生。人氣之生，生於真元，天之氣自然生生不窮。至如海水，因陽盛而涸，及陰盛而生，亦不是將涸之氣卻生，水自然而能生，往來屈伸，只是理也。盛則便有衰，晝則便有夜，往則便有來，天地中央如洪爐，何物不銷鑠了？《二程遺書》卷十五伊川先生語一

近取諸身，百理皆具。屈伸往來之義，只於鼻息
之間見之，屈伸往來，只是理，不必將既屈之氣，復
為方伸之氣，生生之理，自然不息，如復卦言七日來
復，其間元不斷續，陽已復生，物極必返，其理須如
此，有生便有死，有始便有終。同上

第六目　生

所謂「生」是甚麼？是理學的宇宙觀。理學家承受
《易經》《中庸》裡「生生不易，化育萬物」的思想，建立
了一種唯生的宇宙觀，再由這唯生觀推廣，而建立唯生
的人生觀。關於後點，當在《存養綱》裡詳述，這目只敘
述唯生的宇宙觀。這派人物認識宇宙唯一活動的意義和
目的，就是生和着維持生的現象。所以周子説：

天以陽生萬物，以陰成萬物。《周子全書》卷二通
書順化篇第十一

邵子説：

觀春則知易之所存乎？……易之易者，生生之

謂也。《皇極經世》觀物內篇四

夫變者，昊天生萬物之謂也。同上

張子説：

天道四時行，百物生。無非至教。《張子全書》卷二正蒙天道篇第一

程子説：

生生之謂易，是天之所以為道也。天只是以生為道。繼此生理者，即是善也。《二程遺書》卷二上二先生語二上

觀生理則可以知道。《二程粹言》卷上論道篇

朱子説：

天地以生物為心者也。……此心何心？在天地則快然生物之心。《朱子文集大全類編》第六冊雜著卷三仁説

陸子説：

位乎上而能覆物者，天也；位乎下而能載物者，地也。……天地之間，何物而非天地之為者？《象山全書》卷二十九程文天地設位篇

理學這種唯生的宇宙觀以及唯生的人生觀，換一句話來說，可以說是積極的動的宇宙觀和人生觀。所謂積極的意思，是說不僅動，還要在這動的過程中表現出一種偉大的意義！所以生就是動，這派人既主張唯生觀，自然是主張動的，而且看重動的。所以程子說：

一陽復於下，乃天地生物之心也。先儒皆以靜為見天地之心，蓋不知動之端乃天地之心也。非知道者孰能識之？《伊川易傳》卷二上經下復卦象傳

但後儒還說理學家是唯靜的，這真是「非知道者孰能識之」呵！

第七目　陰　陽

陰陽的意義很複雜，應用也很廣大。就它的性質說，是一種較複雜而進一層的物的基本質素。一切物都從這種基本質素，相演而成，所以任何物都少不了它。這

話已在太極目裡申述過。就它的作用說，是形成事物的一種規律。這規律，是兩性對偶互相生成的一種規律。宇宙的物，須遵照這規律，方才能完成，否則是沒有希望的。

現在先引一些話來證明陰陽是一種較複雜而進一層的基本質素。周子說：

> 太極動而生陽，動極而靜，靜而生陰，靜極復動，一動一靜，互為其根，分陰分陽，兩儀立焉。陽變陰合，而生水火木金土。見前

從這段話，可知道陰陽所居的地位，且為最初造成萬物的。張子說：

> 造化所成，無一物相肖者，以是知萬物雖多，其實無一物無陰陽者。以是知天地變化二端而已。《張子全書》卷二正蒙太和篇第一

這是說明陰陽為一種進一層的基本原素。程子說：

> 陰陽氣也。見前

這是説陰陽就是氣,陰陽既等於氣,而氣是一種本質,那麼陰陽自然也是本質了;但兩者雖相等,中間還有不同的地方。關於這點已在《太極目》中,詳細説明了。

陰陽既是萬物的本質,它到底是有形質的,還是沒有形質的呢?關於這點,有兩派的主張:程子和朱子主張陰陽是形而下有形質的東西,象山主張陰陽是形而上沒有形質的東西。程子説:

> 離陰陽則無道,陰陽氣也,形而下也。《二程粹言》卷一論道篇

朱子説:

> 至於大傳既曰:形而上者,謂之道矣。而又曰:一陰一陽之謂道,此豈真以陰陽為形而上者哉?正以見一陰一陽雖屬形器,然其所以為一陰一陽者,是乃道體之所為也。《朱子文集大全類編》第六冊問答卷七與陸子靜五

象山説:

> 至如直以陰陽為形器,而不得為道,此尤不敢聞

命。……今顧以陰陽為非道，而直謂之形器，其孰為昧於道器之分哉？《象山全集》卷二與朱元晦二

　　陰陽是一種基本質素的話，既已證實了，現在來證明陰陽是宇宙活動規律的話。在我國古代思想界裡，本有一種消長法的思想。消長的意義，是說宇宙的活動，由長漸漸到消，由消又漸漸到長，在一消一長中間，整個的宇宙就向前推動。這種思想在《易經》裡，表現得最明顯。

　　理學家對於《易經》的思想是接受了一大部分的，所以對於宇宙活動的規律，也和《易經》有相似的主張。不過《易經》裡所說的宇宙活動的規律，是一種開展無限制的形式，由長而消，由消而長，又由長而消，由消而長，沒有止境。所以《易經》六十四卦最末了一卦是「未濟」，未濟是說宇宙向前推動終沒有止境的意思。至於理學家所主張的宇宙活動的規律，是一種相對的有限制的形式。所謂相對，是說宇宙的活動，完全由兩種性質相反的力互相推動的。所以張子說：

　　　天道不窮，寒暑已；眾動不窮，屈伸已；鬼神之實，不越二端而已矣。兩不立，則一不可見；一不可見，則兩之用息。兩體者，虛實也，動靜也，聚散

也，清濁也，其究一而已。感而後有通。不有兩則無一，故聖人以剛柔立本，乾坤毀則無以見易，游氣紛擾，合而成質者，生人物之萬殊。其陰陽兩端，循環不已者，立天地之大義。日月相推而明生，寒暑相推而歲成。《張子全書》卷二正蒙太和篇第一

張子這些話，都是說明宇宙整個活動，是遵照兩種對偶法則，互相推演，而成一切事物的。除了張子以外，程子、朱子、陸子、王子都有同樣的話。現在一一引述在後面，以資證明。程子說：

> 天地之間皆有對：有陰則有陽；有善則有惡。《二程遺書》卷十五伊川先生語一

> 易道廣大，推遠則無窮，近言則安靜而正。天地之間，萬物之理，無有不同。乾靜也專，動也直。專，專一，直，直易。惟其專直，故其生物之功大；坤靜翕動闢，坤體動則開，應乾開闢，而廣生萬物。廣大天地之功也，變通四時之運也。一陰一陽，日月之行也。乾坤易簡之功，乃至善之得也。《伊川經說》卷之一易說繫辭

朱子說：

陰陽雖是兩個字，然卻只是一氣之消息：一進一退，一消一長。進處便是陽，退處便是陰。長處便是陽，消處便是陰。只是這一氣之消長，做出古今天地間無限事來。所以陰陽做一個說亦得做兩個說亦得。《朱子全書》卷四十九理氣一陰陽說

陰陽有相對而言者，如東陽西陰，南陽北陰是也。有錯綜而言者，如晝夜寒暑，一個橫，一個直是也。同上

象山說：

易之為道，一陰一陽而已：先後，始終，動靜，明晦，上下，進退，往來，開闔，盈虛，消長，尊卑，貴賤，表裡，隱顯，向背，順逆，存亡，得失，出入，行藏，何適而非一陰一陽哉？《象山全集》卷二與朱元晦二

陽明說：

陰陽一氣也，一氣伸屈而為陰陽。《陽明全書》傳習錄中答陸原靜書

第八目　心　性

心性的問題，在理學中間，所佔的地位，非常重要。現在先把心和性說一番。

心就是一個小宇宙，是一種虛明能藏的東西。

象山說：

> 宇宙便是吾心，吾心便是宇宙。《象山全集》卷二十二雜著雜說

這就是說心是一個小宇宙。邵子說：

> 心者，性之郛郭也。《擊壤集》序

朱子說：

> 靈處只是心。《朱子全書》卷四十四性理三心說
> 心以性為體，心將性做餡子模樣。《朱子語類》卷五性理二性情心意等名義
> 人皆有是心；心能具是理。《象山全集》卷二十二雜著雜說

這就是説，心是一種虛明能藏的東西。

心是小宇宙，是虛明能藏的東西，那麼它所藏的東西是甚麼？是性。在上面邵子和朱子、象山的話説中間，已經可以看出一個大概。現在再引一些話作證。張子説：

> 心統性情者也。《張子全書》卷十二語錄

陽明説：

> 性是心之體。《陽明全書》傳習錄上

所謂性是心之體，是説心所包涵的是性，而性卻在中間，做了心的實體。所以朱子又説：

> 性是理，心是包該載敷施發用底。同前

但性的本身到底是甚麼？性就是宇宙的理。隨人物生時，就藏在心的中間，因為這理隨人物而生而藏，所以叫它做性，不叫做理。其實理和性是一樣的，不過所處的地位不同罷了。如果我們知道了理，就可以知道性的。現在引理學家的話來證明這説。朱子説：

性只是理，以在人所稟，故謂之性。《朱子文集大全類編》第六冊問答卷三十答陳衛道二

這是說明性即理，以及所以叫做性的原因。程子說：

性即理也，所謂理性是也。《二程遺書》卷二十二上伊川先生語八上

陽明說：

性即理也。《陽明全書》卷二傳習錄中

性既是理，又是心的體，那麼理、性、心三者的關係，一望就可以知道了。性與理是二而一，一而二的。說性也可，說理也可。好比水與 H_2O 是二而一，一而二的東西。我們說水也好，說 H_2O 也好。至於心和性，前者是後者的郭郭，後者是前者的實體。所以就其總體來說，心就是性。就其實質來說，性就是心。兩者也是一而二，二而一的。所以理學家為解釋的便利，或立說的便利，有時說心即理，有時說性即理。這樣說法，並沒有甚麼差異。但後來一班人，因為沒有從心性理三者內容去研究，就誤以為陸、王多說心即理，是唯心派。程、

朱多說性即理，是唯理派。其實他們的思想都是一般的。雖然陸王多說些關於心的話，好像是唯心論者，然他們的哲學思想，絕對和西洋的唯心論，以及印度佛家的思想不相同。因為唯心論以及佛家的思想，是絕對不承認外界有甚麼東西獨立存在的。至於理學家說心，不過說心外萬物的理，存在人們心中，並沒有說心外的萬物，也是人們心造的。所以這派人物是承認心外有物有理獨立存在的。現在引理學家的話來證明。邵子說：

> 天地之道備於人，萬物之理備於身。邵子《漁樵問答》樵者言

程子說：

> 一身之上，百理具備。《二程遺書》卷二下二先生語下

這可以證明人們的心中具備了萬物的理；但只具備而已，並沒有創造。象山說：

> 此理充塞宇宙間，如何由人杜撰得？《象山全集》卷三十五語錄

此理在宇宙間，固不因人明不明，行不行，而加損焉。《象山全集》卷二與朱元晦二

這可以證明心外有獨立存在的理。而理之充塞於天地，並非人們的心所幻演出來的。

心和性是怎樣，既敘述過了，現在要敘述心和性對於人的關係。心是一身的主宰，如同蒸汽機車的發動機一般。一個人有了心就能推動一切的行為。所以朱子說：

心屬火，是個光明發動的物。《朱子全書》卷四十四一性理三心說

心則人之所以主於身，而具是理者也。《朱子文集大全類編》第七冊雜著卷之三盡心說

陽明說：

心者一身之主也。《陽明全書》傳習錄中答顧東橋書

至於性呢？是一種種子，一切事物，都是由性發生的。所以張子說：

性者萬物之一源。《張子全書》卷二正蒙誠明篇第一六

朱子說：

性者理之全體，而人之所得以生者也。同前

心性對於人的關係，既明白了，應該敘述良心性善的問題。先述性善：理學家個個都認為性是善的。周子說：

乾道變化，各正性命，誠斯立焉，純粹至善者也。《周子通書》誠上第一

程子說：

人性本善……語其性，則皆善也。《伊川易傳》卷之四下經下革卦革上六
性則無不善。《二程遺書》卷十九伊川先生語五

張子說：

性於人無不善。同前

朱子說：

人性無不善，雖有桀紂之為，窮兇極惡，也知此事是惡。《朱子全書》卷四十二性理一

象山說：

人性本善，其不善者，遷於物也。《象山全集》卷三十四語錄

陽明說：

天命之性，粹然至善。《陽明全書》卷二十六續編大學問

至善之性，原無一毫之惡。《陽明全集》傳習錄中

性既是善的，那麼心自然也是良善的。為甚麼？因為性是心的體，世間的東西，絕對沒有體是善的，而形會變做惡的。孟子說：「有諸內，必形諸外。」就是這個意思。因為如此，所以理學家也認為心是良善的。例如象山說：

能頓棄勇改，無復回翔戀戀於故意舊習，則本心之善乃始著明。《象山全集》卷十二與陳正己書

就可以證明這點。不過善與良的意義，不是普通所說的好壞良善，這裡所說的善和良另外有一種標準的意義。善的標準意義是甚麼？是能生。凡含有生的意義，才是善的。所以程子說：

> 天道只是以生為道，繼此生理者即是善也。善便有一個元（即生意，朱子說：元者生意）底意思。元者善之長，萬物皆有春意，便是繼之者善也。《二程遺書》卷二二先生語二上

良的標準意義是甚麼？是靈。靈的實效就是不學而知。

陽明說：

> 心之虛明靈覺，即所以本然之良知也。《陽明全集》傳習錄卷中答顧東橋書

朱子說：

> 蓋人心之靈，莫不有知。《大學章句》序說

性既是善的，那為甚麼有些人有惡性表現在行為

上呢？心既是良的，為甚麼有些人偏有不良的心理表現呢？這有兩種原因。先說性。

性所以有惡，並非原來的性就包涵了這惡的。原來的性是純粹至善，絲毫沒有惡的。惡的性是氣質所使然的。氣質怎樣會使性由善變成惡呢？因為人物生的時候，理搭在氣上，那搭在氣上的理就成了性。這個性所搭的氣，不能個個人，或者樣樣物都是一樣的，而是有偏正清濁的。因此性也就受了氣的限制：凡正氣和清氣，使性完全成為善；偏氣和濁氣，就使性不能完全成為善，而成為惡。所以理學家把性分成兩類：一為未搭在氣上的性，這性是善的；一為已搭在氣上的性，這種性是惡的。前者稱為天地之性，後者稱為氣質之性。張子說：

> 形而後有氣質之性，善反之，則天地之性存焉。
> 同前，正蒙誠明篇第六

朱子說：

> 有天地之性，有氣質之性。天地之性，太極本然之妙，萬殊之一本也。氣質之性，二氣交運而生，一本而萬殊者也。江永《近思錄集註》引朱子語

這是說明性有兩種，和這兩種性的怎樣生成。

朱子說：

> 論天地之性，則專指理言；論氣質之性，則以理
> 與氣雜而言之。《朱子語類》卷四性理一

這是說明天地之性，和氣質之性的異同及成分。

但這種氣質之性，到底怎樣形成的呢？是不是當一個人由母胎墮地以後，才形成的呢？不是的；是在未出胎以前，精與卵兩者剛結合，氣與理剛配合的時候就形成的。等到墮出母胎，這氣質之性，早已完成了。程子說：

> 生之謂性，性即氣，氣即性，生之謂也。《二程遺
> 書》卷一二先生語一

這就是說人物初生的時候，在所以生的氣上面，天地之性已存那兒，天地之性既在剛生的時候就存在氣質上面，那氣質之性，自然是生來就有的。人剛生的時候，就有氣質之性，氣質之性是惡的，那麼從時間來說，善固是人的性，惡也可以說是人的性。因為這種惡不是生後才得到的，是在母胎裡就得到了。所以程子說：

善固性也；然惡亦不可不謂之性也。同上

惡既是由理搭在氣上而形成的，並不是原來有的，那麼依照物理學的原理來說，這種惡是可以去掉的。例如水有濁有清，清是水本來的狀態，濁不是水本來的狀態，是一種泥水的混合，我們可以用沙濾和蒸餾的方法把水澄清。所以對於惡，我們也可以用方法把它去掉；去惡的方法，理學家叫做「反」，反就是恢復原來天地之性，也就是變化氣質的意思。關於這層理論，當留到第二綱再來討論。

關於心性的問題敍述過了，現在把情與才附帶的說一說：

情是甚麼？情是性的作用，就是性的活動。程子說：

情者性之動也。《二程粹言》卷二心性篇

情既是由性動而成的，那麼，性是善的。情到底是善的還是惡的呢？

理學家認為情有善有惡。朱子說：

性才發便是情，情則有善有惡，性則無善無惡。
《朱子語類》卷五性情心意等名義

邵子説：

> 任我則情，情則蔽，蔽則昏矣。《皇極經世》卷八
> 下心學第十二

才是甚麼？才是氣的作用。理學家認為才是有善的。程子説：

> 性出於天，才出於氣。氣清則才清，氣濁則才濁。……才則有善有不善，性則無不善。《二程遺書》卷十九伊川先生語五
>
> 如何是才？曰：如材直是也。譬如木曲直者性也；可以為輪轅，可以為梁棟，可以為榱桷者才也。今人説有才乃是言才之美者也。才乃人之資質，循性修之，雖至愚惡，可勝而為善。同上，卷二十二伊川先生語八上

朱子説：

> 一般能為者謂之才。初亦無不善，緣他氣質有善惡，故才亦有善惡。江永《近思錄集註》第一卷引朱子語解前程子語

第九目　鬼　神

從來我國學者，多信仰鬼神是有的，不過有一神的和多神的分別罷了。到了宋、明時代，一般理學家卻不然了。他們雖沒有提倡無神論，但並不像過去的學者，說鬼神是超越存在的。而說鬼神是泛有的。所謂鬼神泛有的話，是說宇宙間並沒有獨立存在而超越事物的鬼神，指揮萬物的生成。只有一種自然的能力，創造萬物這種自然的能力就是鬼神。

所以張子說：

> 鬼神者，二氣之良能也。《張子全書》卷二正蒙太和篇第一

這種鬼神的意義，具體的說，就是陰陽二氣的屈伸往來。陰陽二氣，是宇宙萬有的基本要素，一切事物，都是由它生成的。但陰陽怎樣生成事物呢？就因它有一種自然屈伸的趨勢，陰陽伸，那麼萬物就因之而生成，陰陽屈，萬物就因之而消滅。這一伸一屈，就是鬼神的作用。

鬼是歸的意思。由陰陽二氣凝成的物體，有時忽然分解了，這分解，就是物體回覆陰陽的地位，所以叫做

歸。例如水是氫氧二氣所成的，我們用電解的力量，把水分解，仍舊變成氫氧二氣，這就是水歸於氣，水所以能歸於氣，就是鬼的作用。神就是成的意思，陰陽兩種氣本是分散的，有時忽然凝成一物，這凝成，就是二氣生成了一種東西，所以叫做成。例如氫氧二氣，原來是分開的，我們利用一種化合作用，使它們凝成水，這不是氣成了水嗎？氣成了水就是神的作用。所以張子說：

> 衆動不窮，屈伸已。鬼神之實，不越二端而已矣。同前
> 鬼神，往來屈伸之義。《張子全書》卷二正蒙神化篇第四

以上是張子解釋鬼神等於屈伸的話。他又說：

> 物之初生，氣日至而滋息；物生既盈，氣日反而游散。至之謂神，以其伸也。反之為鬼，以其歸也。同上，動物篇第五

這是張子拿歸成說明鬼神意義的話。

關於上述的話，不特張子的話可以證明，還有程子、朱子等人的話，也可以證明的。例如程子說：

> 鬼神者，造化之跡也。《伊川易傳》卷之一上經上乾
>
> 易說鬼神，便是造化也。《二程遺書》卷二十二上伊
>
> 川先生語八

這和張子所說的「鬼神二氣之良能也」意思是一樣的。不過程子的這話稍微含混；但是程子也有些話是很明白的。例如他說：

> 聚為精氣，散為遊魂，聚則為物，散則為變，觀聚散則鬼神之情狀著矣。萬物之始終，不越聚散而已。鬼神者，造化之功也。《二程粹言》卷二人物篇

這是說鬼神就是聚散歸成的話，和張子所說鬼神是往來屈伸的話正相同。

> 孝弟之至，通於神明。神明孝弟，不是兩般事，只孝弟便是神明之理。《二程遺書》卷十八伊川先生語四
>
> 卜筮之能應，祭祀之能享，亦只是一個理。著龜雖無情，然所以為卦，而卦有吉凶，莫非有此理；以其有是理也，故以是問焉，其應也如響；若以私心及錯卦象而問之，便不應，蓋沒此理；今日之理，與前日已定之理，只是一個理，故應也。至如祭祀之能享

亦同，鬼神之理在彼，我以此理向之，故享也，不容有二三，只是一理也。如處藥治病，亦只是一個理，此藥治個如何，氣有此病，服之即應，若理不契，則藥不應。《二程遺書》卷二下二先生語下

這兩段是程子說宇宙間沒有獨立存在的鬼神，操縱事物的成敗。一切事物的成敗，全在合理與不合理。合乎理就能成，不合理就要敗的。這種話，不特是泛神論，簡直是無神論了。所以他又說：

古之言鬼神，不過着於祭祀，亦只是言如聞歎息之聲，亦不曾道聞如何言語，亦不曾道見如何形狀。如漢武帝之見李夫人，只為道士先說與在甚處，使端目其地，故想出也。然武帝作詩，亦曰是邪非邪。嘗問好談鬼神者，皆所未曾聞見，皆是見說，燭理不明，便傳以為信也。假使實所聞見，亦未足信，或是心病，或是目病。如孔子言人之所信者目，目亦有不足信者耶？此言極善！同上

這段話是從心理學的立場，否認鬼神的超越存在，很是有力！程子而外，朱子也曾說過：

鬼神者，造化之跡，屈伸往來二氣之良能也，天地之升降，日月之盈縮，萬物之消息變化，無一非鬼神之所為者，是以鬼神雖無形聲，而遍體乎萬物之中，物莫能遺。《文集大全類編》第六冊問答卷十三答吳晦叔書第二

這是朱子說鬼神是造化之跡，二氣之良能，不是超越萬物的，而是遍體乎萬物之中的。

　　鬼神通天地間一氣而言，魂魄主於人身而言；方氣之伸，精魄固具，然神為主，及氣之屈，魂氣雖存，然鬼為主。氣盡則魄降而純於鬼矣。故人死曰鬼。同上，卷十五答梁文叔四

這是朱子說鬼就是體散而歸於氣的話。

他們這種泛神論的主張，完全是一種自然主義的思想，所謂自然主義思想，是認為宇宙萬物的成就，完全是自然成功的，並沒有另外一種東西操縱的。所以理學家把鬼神看做這樣一種作用，而不看做一種實體。至於發生鬼神這種作用，別有一種實體。這實體叫做甚麼？叫做誠——一種實理。朱子說：

鬼神之體，便只是個誠。以其實有是理，故造化發育響應感通，無非此理。所以云體物而不可遺。非為人心能誠，則有感應也。《文集大全類編》第六冊問答卷十一答何叔京第十二

　　這是朱子說明鬼神是一種作用，鬼神別有一種實體叫做誠。在朱子以前，周子也有這種話。他說：

　　寂然不動者，誠也；感而遂通者，神也。《周子通書》聖第四

　　這是把誠看做實體，所以是寂然不動的。把神看做作用，所以是感而遂通的。這派人物，既以自然主義的立場，來說明鬼神的話，於是他們的言論裡充滿了自然主義的色彩。例如周子說：

　　發微而不可見充周不可窮之謂神。《周子通書》誠幾德第三

　　張子說：

　　無心之妙，非有心所能及也。

不見而章，已誠而明；不動而變，神而化也；無
為而成，為物不貳也。以上《張子全書》卷二正蒙天道篇
第三

這都是自然主義的話。

第十目　人　物

這目所討論的，是人物所以形成及其關係與比較等
問題。

理學家認為人和物二者的基本質素，是彼此相同
的。這種基本質素是甚麼？是氣與理兩樣東西：氣是有
形體的，形而下的東西。理是無形體的，形而上的東西。
氣是造成人物的實體的。理是造成人物的性的。現在
分條引述理學家的話來作證。但有許多話已在前面敘述
過，這裡就不贅。程子說：

> 萬物之始，氣化而已。《二程粹言》卷六物篇

張子說：

> 氣不能不聚而為萬物。《張子全書》卷二正蒙太和篇

第一

這可以證明人物都是由氣所造成的。程子說：

> 萬物之理皆至足。
> 無物無理。以上均《二程粹言》卷二人物篇

張子說：

> 性者，萬物之一源，非有我之得私也。《張子全
> 書》卷二正蒙誠明篇第六

這可以證明人物的形成包涵有理的。朱子說：

> 天地之間，有理有氣。……是以人物之生，必稟
> 此理，然後有性；必稟此氣，然後有形。《朱子文集大
> 全類編》第六冊問答卷二十九答黃道夫

這段話既可以證明人物的造成，有氣有理，並且可
以證明氣是造成實體的，理是造成性的。

人與物既是都由氣與理造成的，那麼人與物就不該
有甚麼差異。但事實上人是人物是物，彼此絕對不能相

混，這是甚麼原因呢？大概可分為兩點：

第一點是人與物雖然同是由氣所造成，但人與物彼此所得的氣的成分，並不相同。

人所稟的氣，是秀而純的。物所稟的氣，是粗而雜的。所以周子說：

> 二氣交感，化生萬物。……惟人也，得其秀而最靈。周子《太極圖說》

張子說：

> 利者為神，滯者為物。同上

程子說：

> 氣之所鍾，有偏有正，故有人物之殊。
>
> 劉安節問曰：太古之時，人物同生。子曰：然。純氣為人，繁氣為物乎？子曰：然。以上《二程粹言》卷二人物篇
>
> 人得天地之正氣而生，與萬物不同。《二程遺書》卷八十伊川先生語四

象山說：

> 人生天地之間，稟陰陽之和，抱五行之秀，其為貴，孰得而加焉？《象山全集》卷三十程文天地之性人為貴論

朱子說：

> 二氣五行，交感萬變，故人物之生，有精粗之不同。自一氣而言之，則人物皆受是氣而生；自精粗而言，則人得其氣之正且通者，物得其氣之偏且塞者；惟人得其正，故是理通而無所塞，物得其偏，故是理塞而無所知。《朱子語類》卷四性理一人物之性氣質之性

第二點，是人所得宇宙之理厚，物所得宇宙之理薄。所謂厚薄就是物只稟得所以為物的理，而人卻稟有為人的理，兼萬物的理。所以程子說：

> 萬物皆備於我心。《二程粹言》卷二人物篇
> 一身之上，百理具備。《二程遺書》卷二下二先生語下

邵子《漁樵問答》中樵者説：

> 天地之道備於人，萬物之理備於身。

物與人的成分，既有差異，而人又具備萬物的理，於是人與物在宇宙中間的地位，就顯然有高低：第一是人為貴。這話已見前面所引周子、陸子各條。第二是我們研究物理，從各個物去研究，固然可以得到它的理；但能及身而誠，從內心去用功，也可以得到萬物的理。這種話，在陸、王的學説中，固然有顯明的證據，將來在格物窮理一目裡，當詳細敘述，今略舉程子的話，也可以見到。例如程子説：

> 物我一理，明此則彼盡。
>
> 觀物理，於察己之理明，則無往而不識矣。以上均《二程粹言》卷二人物篇

至於觀物理的方法，最要緊的是無我，所謂無我，就是不以己待物，而以物待物，這是甚麼意思呢？這因為萬物的理，雖備於我，但仍是物的理，不能和我混亂的。如果隨便插入我們主觀的意見，去混亂物理，那個物理，就會有所覆蔽變了真相的。所以我們不能以己待

物，而要以物待物，在研究物理的時候，看物理是怎樣的，我們就怎樣，絕對不拿我們自己的意見參雜其間。

程子說：

> 不以己待物，而以物待物，是謂無我。
>
> 堯夫云：能物物，則我為物之人也。不能物物，則我為物之物也。夫人自人，物自物，其理昭矣。以上均《二程粹言》卷二人物篇

張子說：

> 性性為能存神，物物為能過化……無我然後得正己之盡，存神然後妙應物之感。《張子全書》卷二正蒙天道篇

不過我們研究物理，固然應當物各付物；但對付物的時候，並不可受物的誘惑和驅使。如果受物的誘惑和驅使，那就是玩物喪志。這派人物是不主張的。所以張子說：

> 徇物喪心，人化物而滅天地者乎？存神過化，忌物累而順性命者乎？同上

程子説：

> 君子循理故常泰；小人役於物，故多憂戚。

> 有志之士，不以天下萬物撓己，己立矣，則運天下濟萬物必有餘裕。

> 君子役物，小人役於物。今人見可喜可怒之事，必容心其間，若不啻在己者，亦勞矣。以上均《二程粹言》卷二人物篇

第二綱

論為學

第一目　總　論

這綱所敘述的，就是理學中間的教育哲學。所包涵的節目有教育的目的、意義、力量、研究的對象和方法等論，認識論等。但為得保存理學的本來面目起見，各節目還是沿用理學的舊名詞。至於這種教育思想的本身，拿現代新名詞來說，就是人格教育，是實現人生偉大而完全的人格的，不是學習一種技巧或工具，去追求人生的物質享樂的。現在分敘於後。

第二目　為學大要

甲、學以至聖人：這裡所說的聖人，就是完全人格的代表者。所謂學以至聖人，就是學的目的，是要把我們自己造成一個聖人 —— 人格完全的人。現在先證明「聖人」是一種完全人格的人。程子說：

> 聖人而有過，則不足以為聖人矣。《二程粹言》卷二聖賢篇

周子說：

誠精故明，神應故妙，幾微故幽。誠、神、幾曰聖人。《周子通書》聖第四

邵子說：

> 是知人也者，物之至者也。聖人者，人之至者也。《皇極經世》觀物內篇

上面的話，就可以證明聖人就是人格完全的人。

聖人是人格完全的人既證明了，再來證明理學家主張學以至聖人的話。周子說：

> 聖希天，賢希聖，士希賢，伊尹、顏淵大賢也。伊尹恥其君不為堯、舜，一夫不得其所，若撻於市。顏淵不遷怒，不貳過，三月不違仁。志伊尹之所志，學顏子之所學，過則聖，及則賢，不及則亦不失於令名。《周子通書》志學第十

程子說：

> 人皆可以為聖人，而君子之學，必至聖人而後已。不至聖人而自已者，皆自棄也。孝者所當孝，弟

者所當弟，自是而推之，是亦聖人而已矣。《二程粹言》卷二論學篇

象山説：

人生天地間，為人自當盡人道，學者所以為學，學為人而已，非有為也。……孔門弟子如子夏、子游、宰我、子貢，雖不遇聖人，亦足號名學者，為萬世師。然卒得聖人之傳者，柴之愚，參之魯。《象山全集》卷三十五語錄詹阜民錄

張子説：

然為聖為賢，乃吾性分當勉耳。《張子全書》卷十三語錄抄

學者當須立人之性，仁者人也。當辨其人之所謂人，學者學所以為人。同上

朱子説：

故今增修講問之法，諸君子其專心致思，務有以漸摩之，無牽於章句，無滯於舊問，要使之知所以正

心誠意於飲食起居之間，而由之以入於聖賢之域。《朱子文集大全類編》第七冊雜著卷十同安縣論學者二論諸職事

陽明說：

近聞爾曹學業有進，有司考校，獲居前列，吾聞之喜而不寐。此是家門好消息，繼吾書香者，在爾輩矣，勉之！勉之！吾非徒望爾輩但取青紫，榮身肥家，如世俗所尚，以誇市井小兒，爾輩須以仁禮存心，以孝弟為本，以聖賢自期，務在光前裕後，斯可矣。《陽明全書》卷廿六贛州書示四姪正思等

乙、學以變化氣質：這裡所說的學以變化氣質，是說學的功效，可以變化人的氣質。人的氣質為甚麼要變化呢？這是因為氣質能把天地之性弄惡了，好像泥土把清水弄濁一樣。所以要把那氣質加以變化，恢復那本善的天地之性。現在引證於下：

張子說：

為學大益，在自能變化氣質。不爾卒無所發明，不得見聖人之奧。故學者先須變化氣質。變化氣質，與虛心相表裡。《張子全書》卷六理窟義理

人之氣質美惡，與貴賤夭壽之理，皆是所受定分。如氣質惡者，學即能移，今人所以多為氣所使，而不得為賢者，蓋為不知學。同上，卷五氣質

程子說：

惟積學明理既久，而氣質變焉。則暗者必明，弱者必立矣。《二程粹言》卷一論學篇

學至氣質變，方是有功。《二程遺書》卷十八伊川先生語四

象山說：

學能變化氣質。《象山全集》卷三十五語錄

陽明說：

「與惡人居，如衣朝衣朝冠坐於塗炭者。」伯夷之清也。「雖袒裼裸裎於我側，爾焉能浼我哉？」柳下惠之和也。君子以變化氣質為學，則惠之和似亦執事之所宜從者。《陽明全書》卷四與書一胡伯忠癸酉

夫君子之學，求以變化其氣質焉爾。同上，卷七從

吾道人記乙酉

朱子說：

> 人之為學，卻是要變化氣稟。……須知氣稟之
> 害，要力去用功克治，裁其勝，而歸於中乃可。《朱子
> 語類》卷四性理一人物之性氣質之性

丙、為學之意：所謂為學之意，就是為學的意義。
這學的意義，和學的目的，是大略相同的。不過學的目
的，是說明做怎樣的一種人。學的意義，是說明為甚麼
需要學。這層意思，可分為兩點敘述：

一、是講明義理，以修其身。

二、是造就人材，促進國家文化，和保持社會安寧。
現在分條引證於後。

朱子說：

> 熹竊觀古昔聖賢，所以教人為學之意，莫非使之
> 講明義理，以修其身，然後推以及人；非徒欲其務記
> 覽，為詞章，以釣聲名，取利祿而已也。《朱子文集大
> 全類編》第七冊雜著卷十白鹿洞書院揭示

邵子説：

　　君子之學，以潤身為本，其治人應物，皆餘事
也。《皇極經世》觀物外篇下心學第十二

張子説：

　　既學而先有以功業為意者，於學便相害。《張子全
書》卷六理窟學大原上

周子説：

　　不知務道德，而第以文辭為能，藝焉而已。《周子
全書》卷二通書文辭第二十八

程子説：

　　古之君子修德而已，德成而言，則不期於文而自
文矣。《二程粹言》卷一論學篇

象山説：

凡欲為學者，當先識義利之辨，今所學果如何？人生天地間，為人自當盡人道。學者所以為學，學為人而已，非有為也。《象山全集》卷三十五語錄

以上所引的話，可以證明學是講明義理，以修其身的。所以他們一面極力主張修德辨義利等，一面反對徒然學文。

周子說：

故聖人立教，俾人自易其惡，自至其中而止矣。故先覺後覺，暗者求於明，而師道立矣。師道立，則善人多，善人多，則朝廷正而天下治矣。《周子全書》卷二通書師篇第七

程子說：

或問道不明於後世，其所學者為何？子曰：教之者能知之。學者之眾，不患其不明也。魯國一時賢者之眾，非特天授，由學致也。聖人既歿，曠千有餘歲，求一人如顏、閔不可得。故教不立，學不傳，人材不期壞而自壞。《二程粹言》卷二論學篇

朱子説：

> 蓋聞君子之學，以誠其身，非直為觀聽之美而已。古之君子，以是行之其身，而推之以教其子弟，莫不由此。此其風俗之所以淳厚，而德業所以崇高也。《朱子文集大全類編》第七冊雜著卷十同安縣諭學者第三補試榜諭

象山説：

> 是故先王之時，風教之流行，典刑之昭著，無非所以寵綏四方，左右斯民，使之若有常性，克安其道者也。是故鄉舉里選，月書季考，三年而大比，以興賢能，蓋所以陶成髦俊，將與共斯政，同斯事也。學校庠序之間，所謂切磋講明者，何以捨是而他求哉？《象山全集》卷十九武陵縣學記

以上所引的話，可以證明學是造就人材，促進國家文化，保持社會安寧的。他們所説「善人多」、「風俗淳厚」、「天下治」就是這個意思。

第三目　格物窮理

　　這目所討論的，是格物窮理的意義和方法等。格物窮理，就是學的對象，換句話：就是研究的內容。理學家認為學的對象，並不是研究宇宙間一部分的現象的，而是研究整個宇宙的物理的。這種研究，叫做格物或窮理。格物是《大學》上的術語，窮理是《易經》裡的名詞。二者名雖不同，意思實在是一樣的。現在先引證理學家主張窮理的話。張子說：

> 　　嘗謂文字若史書，歷過見得無可取，則可放下。如此則一日之力，可以了六七卷書。又學史不外為人對人，恥有所不知，意只在相勝。醫書雖聖人存此，亦不須大段學，不會亦不甚害事，會得亦不過惠及骨肉間，延得頃刻之生，決無長生之理。若窮理盡性，則自會得。《張子全書》卷六理窟義理
>
> 　　自明誠者，須是要窮理，窮理即是學也。同上，卷十二語錄抄

程子說：

> 　　讀書將以窮理。……今或滯心於章句之末，則無

所用也，此學者之大患。《二程粹言》卷一論學篇

學也者使人求於內也，不求於內而求於外，非聖人之學也。何謂求於外？以文為主者是也。學也者，使人求於本也，不求於本而求於末，非聖人之學也。何謂求其末？考詳細，採同異，是二者無益於德，君子弗之學也。同上

陽明說：

學校之中，惟以成德為事；而才能之異，或有長於禮樂，長於政教，長於水土播植者，則就其成德，而因使益精其能於學校之中。《陽明全書》卷二傳習錄中答顧東橋書

學是學去人慾，存天理。從事於去人慾，存天理，則自正。《陽明全書》卷一傳習錄上答子仁問

朱子說：

人能即事即物，窮究其理，至於一日會貫通徹，而無所遺焉，則有以全其本心廓然之體。《朱子文集大全類編》第七冊雜著卷三盡心說

邵子説：

天下言讀書者不少，能讀書者少，若得天理真
樂，何書不可讀？何堅不可破？何理不可精？《皇極經
世》觀物內篇

理窮而後知性，性盡而後知命，知命而後知至。
同上

象山説：

所謂讀書，須當明物理，揣事情，論事勢。且如
讀史，須看他所以成，所以敗，所以是，所以非處。
優游涵泳，久自得力，若如此讀得三五卷，勝看三萬
卷。《象山全集》卷三十五語錄

介甫慕堯、舜三代之名，不曾踏得實處。故所
成就者，王不成，霸不就，本原皆因不能格物，模索
形似，便以為堯舜三代，如此而已，所以學者先要窮
理。同上

從上面所引的話去分析，我們可以知道理學家認為
學的目的，是窮理，就是研究整個宇宙的理。所以他們
反對辭章訓詁之學，而主張窮理或成德。所謂成德，也

就是研究物理，以復天性的意。

理學家既以理為研究的對象；但理是有幾方面的。
一方面是充塞在宇宙的理，一方面是具備在人心的理。
所以陸子説：

> 此理充塞宇宙。

程子説：

> 一身之上，百理具備。以上均見前

那麼要窮理到底是窮那方面的理呢？關於這個問
題，也分兩方面：程朱一派，是偏重窮那充塞宇宙的萬
事萬物的理。陸王一派，是偏重窮那萬物皆備於我的理。
現在分述於後。

一即物窮理：這是程、朱一派的主張。所謂即物窮
理，就是就宇宙間各種事物，仔細分析，研究他的理到
底是怎樣的。程子説：

> 隨事觀理，而天下之理得矣。天下之理得，然後
> 可以至於聖人。《二程遺書》卷二十五伊川先生語十一

朱子說：

> 所謂致知在格物者，言欲致吾之知，在即物而窮
> 其理也。……是以《大學》始教，必使學者，即凡
> 天下之物，莫不因其已知之理，而益窮之，以求至
> 乎其極。《大學章句》序第五章

但是天下事物，多至不可勝數，盡我們畢生的力量，
能夠件件都窮得嗎？這是萬不能的。於是他們主張不必
件件窮盡，只儘量去窮，到了積累很多的時候，就對於
其餘未窮的理，可以互相貫通的。這理由是從已知的經
驗，可以推知未做的事。所以程子說：

> 所務於窮理者，非道須盡窮了天下萬物之理，又
> 不道是窮得一理便到，只是要積累多後，自然見去。
> 《二程遺書》卷二上二先生語二上

二求理於心：這是陸、王一派的主張，所謂求理於
心，是只就此心的去人慾存天理上用功夫，便能夠求得
理。換句話：就是不必從事事物物上求理，只從心上去
求就得了。《陽明全書》卷一傳習錄上載：

愛問：「至善只求諸心，恐於天下事理，有不能盡。」先生曰：「心即理也，天下又有心外之事，心外之理乎？」愛曰：「如事父之孝，事君之忠，交友之信，治民之仁，其間有許多理在，恐亦不可不察。」先生歎曰：「此說之蔽久矣，豈一語所能悟？今姑就所問者言之：且如事父不成去父上求個孝的理，事君不成去君上求個忠的理，交友治民不成，去友上民上求個信與仁的理，都只在此心，心即理也。此心無私慾之蔽，即是天理，不須外面添一分。以此純乎天理之心，發之事父便是孝，發之事君便是忠，發之交友治民便是信與仁，只在此心去人慾存天理上用功便是。」

區區論致知格物，正所以窮理，未嘗戒人窮理，使之深居端坐而一無所事也；若謂即物窮理，如前所云務外而遺內者，則有所不可耳。同上，答顧東橋書

象山說：

萬物皆備於我，只要明理。《象山全集》卷三十五語錄

窮理與格物：前面已經把窮理的話敘述過了，現在要敘述格物的話。格物的意思，和窮理是一樣的，不過

因為前面所敘述的窮理，有兩方面的進展，格物也就有兩種解釋。現在分述於後。

一、程、朱所說的格物：程、朱所說的格物，就是窮事事物物的理。所以程子先說：

> 格猶窮也，物猶理也。猶曰：窮其理而已也。《二程遺書》卷二十五伊川先生語十一

後來又說：

> 致知在格物。格，至也。窮理而至於物，則物理盡。《二程遺書》卷二上二先生語二上

朱子說：

> 所謂致知在格物者，言欲致吾之知，在即物而窮其理也。《大學章句序》第五章
>
> 格，至也。物，猶事也。窮至事物之理，欲其極處，無不知也。《大學註經》一章

二、陸王所說的格物：陸王所說的格物，是格去心的不端正的意念，使那心理原來所包含萬事萬物的理，

不受甚麼蒙蔽，自然而然的流露出來。所以他們訓格為去，訓物為非。陽明說：

> 格物如《孟子》「大人格君心」之「格」，是去其心之不正，以全其本體之正。《陽明全書》卷一傳習錄上答徐愛問

象山說：

> 格物者，格此者也。伏羲仰象俯法，亦先於此盡力焉耳，不然所謂格物，末而已矣。《象山全集》卷三十五語錄

窮理和格物的意義既說過了，再來敘述窮理格物的功用。

窮理和格物的功用是致知，所謂致知，就是增進人的智識或擴展人的智慧。程子說：

> 窮理者，然後足以致知，不窮則不能致也。
>
> 故學莫先乎致知窮理，格物則知無不盡。以上《二程粹言》卷一論學篇

陽明說：

　　若鄙人所謂致知格物者，致吾心之良知於事事物
物也。《陽明全書》卷一傳習錄中答顧東橋書

　　兩派窮理格物的主張，既然不同，於是致知所得的
結果，也分為兩種：

　　程、朱所得的知，是一種事物的經驗的知識。所以
程子說：

　　識必見於行，如行道塗，涉暗阻，非日月之光，
炬火之照，則不可進矣。故君子貴有識，力學窮理，
則識益明，照知不惑，乃益敏矣。《二程粹言》卷論學篇

　　陸、王所致的知，是心內的良知。陽明說：

　　所以須用致知格物之功，勝私復理，即心之良
知，更無障礙，得以充塞流行，便是致其知。《陽明全
書》卷一傳習錄上答徐愛問

　　窮理格物的功用，既敘述過了，還有窮理格物的目
的和着手處，應分別敘述。

窮理的目的，就是盡性，由盡性而復性或反性。程子説：

　　　　其實只能窮理，便盡性至命也。《二程遺書》卷二十二上伊川先生語八

張子説：

　　　　養其氣，反其本而不偏，則盡性而天矣。《張子全書》卷二正蒙誠明篇第六

陽明説：

　　　　窮理便是盡性的工夫。《陽明全書》卷二傳習錄中

　　至於復性或反性的話，當在《修養》一綱裡討論。
　　窮理的着手處：前面已説過窮理是分兩方面的：一方面是求心外的宇宙的理，叫它和心裡所具備的理，融會貫通。一方面發揚心裡所具備的理到事事物物上去，叫心沒有私慾的遮蔽。但是宇宙間的事物很多，我們到底從那方面着手呢？這是一個很重要的問題，在這裡應當説明。

理學家認為我們窮理的着手處，不是在很高深的方面，而在很平凡普遍的方面。所以程子說：

> 後人便將性命別作一般事說了。性命孝弟，只是一統底事。就孝弟中，便可盡性至命。至如灑掃應對，與盡性至命，亦是一統底事，無有本末，無有精粗，卻被後來人言性命者，別作一般高遠說。《二程遺書》十八卷伊川先生語四
>
> 視聽思慮動作，皆天也。人但於其中要識得真與妄爾。《二程遺書》卷十一
>
> 聖人之道，更無精粗，從灑掃應對，至精義入神，通貫只一理。雖灑掃應對，只看所以然者如何？同上，卷十五伊川先生語一

張子說：

> 灑掃應對，是誠心所為，亦是義理所當為也。《張子全書》卷之七理窟學大原下

象山說：

> 聖人教人，只是就人日用處開端。如孟子言徐後

長，可為堯、舜，不成在長者後行，便是堯、舜，怎生做得堯、舜樣事，須是就上面着工夫。聖人所謂吾無隱乎爾，誰能出由戶，直截是如此。《象山全集》卷三十五語錄

陽明説：

灑掃應對，就是一件事。童子良知只到此，便教去灑掃應對，就是致他這一點良知了。《陽明全書》卷三傳習錄下黃以方錄

蓋日用之間，見聞酬酢，雖千頭萬緒，莫非良知之發用流行，除卻見聞酬酢，亦無良知可致矣。同上，卷二傳習錄中答歐陽崇一書

區區格致誠正之説，是就學者本心日用事，為間體究，踐履實地用功，是多少次第，多少積累在，正與空虛頓悟之説相反。同上，答顧東橋書

朱子説：

古人只從幼子常視無誑以上，灑掃應對進退之間，便是做涵養底工夫了，此豈待先識端倪而後加涵養哉？但從此涵養中，漸漸體出這個端倪來，則

——便為己物，又只如平常地涵養將去，自然純熟。《朱子文集大全類編》第六冊問答卷十四答林擇之第二十書

……若認得熟，看得透，則玲瓏穿穴，縱橫顛倒，無處不通；而日用之間，行著習察，無不是著功夫處矣。

……諸君更宜熟讀深思，反覆玩味，就日用便着實下功夫，始得。以上均《朱子文集大全類編》第七冊雜著卷第十冊玉山講義

上面所引證的話，可以證明窮理是從平凡普遍方面着手的。有了這個證明，那麼人家批評理學家好高騖遠、空虛不實的話，也可以不攻自破了。

第四目　教學之方

這一目所敘述的是教學之方，包涵有四點：一、教的方法，二、學的方法，三、方法論，四、認識論。現在先敘述教的方法：理學家對於教的方法，是沒有多大討論的。因為他們注重的是學，不是教。所以朱子編訂《近思錄》，關於教學的方法一卷，所引證的話很少，尤少見的是怎樣教人的話，其中大部分還是關於學的，就

是教人怎樣去學的。但在朱子所引證的話說中間，也可以找出幾個關於教的基本要點：

甲、是及早替兒童佈置一個良善的環境，藉環境感化的力量去教育他。

> 古人生子，能言能食而教之。大學之法，以豫為先。人之幼也，知思未有所主，便當以格言至論，日陳於前，雖未有知，且當熏聒，使盈耳充腹，久自安習，若固有之，雖以他說惑之，不能入也。若為之不豫，及乎稍長，私意偏好生於內，眾口辯言鑠於外，欲其純完，不可得也。程子語

乙、是教者自己應當自勉，就是先正其身的意思。

> 恭敬撙節，退讓以明禮，仁之至也，愛道之極也。己不勉明，則人無從倡，道無從宏，教無從成矣。張子語
>
> 觀之上九曰：觀其生，君子無咎。象曰：觀其生，志未平也。傳曰：君子雖不在位，然以人觀其德，用為儀法，故當自慎省，觀其所生，常不失於君子，則人不失所望而化之矣。不可以不在於位故，安然放意無所事也。程子語

丙、教不可躐等。所謂教不可躐等，就是教人應按學生程度，從初步工夫做起，不過高而躐等教授。

聖人之道如天然，與眾人之識，甚殊邈也。門人弟子既親炙，而後益知其高遠。既若不可以及，則趨望之心怠矣。故聖人之教，常俯而就之，事上臨喪，不敢不勉，君子之常行。不困於酒，尤其近也。而以己處之者，不獨使夫資之下者，勉思企及，而才之高者，亦不敢易乎近矣。程子語

先傳後倦，君子教人有序。先傳以小者近者，而後教以大者遠者。非是先傳以近小，而後不教以遠大也。程子語

灑掃應對，精義入神。事有大小，理無大小。事有大小，故教人有序而不可躐。理無大小，故隨其所處，而皆不可不盡。朱子語江永引此以釋上條程子之言

古之教人，莫非使之成己，自灑掃應對上，便可到聖人事。程子語

《學記》曰：進而不顧其安，使人不由其誠，教人不盡其才。人未安之，又進之，未喻之，又告之，徒使人生此節目。不盡材，不顧安，不由誠，皆是施之妄也。教人至難，必盡人之材，乃不誤人。觀可及處，然後告之。聖人之明，直若庖丁之

解牛，皆知其隙。刃投餘地，無全牛矣。人之才足以有為，但以其不由於誠，則不盡其材，若曰：勉率而為之，則豈有由誠哉？張子語

永按：不顧學者之能受，而強進之，人雖勉強為之，而無誠意。既無誠意，則亦不能盡其才質，三者相因，皆躐等陵節之弊也。江永解釋上條張子語。以上所引各文均見《近思錄集註》卷十一

除了在《近思錄》卷十一中間，可以證明上面所述的幾個基本要點外，在象山和陽明的集子裡，也可以找到這類的話。例如象山說：

學有本末。顏子問夫子三轉語，其綱既明，然後請問其目。夫子答以非禮勿視，勿聽，勿言，勿動。顏淵於此，洞然無疑。故曰：回雖不敏，請事斯語矣。本末之序蓋如此。今世論學者，本末先後，一時顛倒錯亂，曾不知詳細處，未可遽責於人，如非禮勿視、聽、言、動，顏子已知道，夫子乃語之以此。今先以此責人，正是躐等。《象山全集》卷三十四語錄

這是象山主張因材施教不能躐等的話。陽明說：

看得教民成俗，莫先於學；然須誠愛惻怛，實有視民如子之心，乃能涵育熏陶，委曲開導，使之感發興起，不然則是未信而勞其民，反以為厲已矣。《陽明全書》卷十八文移批立社學師著老名呈

這是陽明主張教者自勉的話。

古之教者，教以人倫……其栽培涵養之方：則宜誘之歌詩，以發其志意；導之習禮，以肅其威儀，諷之以讀書，以開其知覺。《陽明全集》卷之二傳習錄中訓蒙大意示教讀劉伯頌等

這是陽明主張用一種優美的環境，感化兒童的話。

一、學的方法：這一條共分四點：甲、怎樣去學，乙、求學的原則，丙、求學的態度，丁、禮樂的陶冶，分述於後。

甲、怎樣去學：

(1) 立志：所謂志是甚麼？是向學的目標。就是在學以前，預先立定一個目標，然後向前進行，不達到那個目標不止。張子說：

凡學：官先事，士先志。謂有官者先教之事，未

官者使正其志焉。志者，教之大倫而言也。《張子全書》
卷二正蒙中正篇第八

程子説：

　　或問入道之功？子曰：立志。志立則有本，譬之
藝木，由毫末拱把，至於合抱而干雲者，有本故也。
《二程粹言》卷一論學篇

象山説：

　　人惟患無志。有志無有不成者；然資稟厚者，必
竟有志。《象山全集》卷三十五語錄李伯敏錄
　　人要有志。常人汩沒於聲色富貴間，良心善性，
都蒙蔽了。同上，包揚顯錄
　　學者須先立志！同上，卷三十四語錄傅子雲編錄

陽明説：

　　大抵吾人為學，緊要大頭腦，只是立志。所謂困
忘之病，亦只是志欠真切。《陽明全書》卷之二傳習錄中
啟問道通書

予弟守文來學，告之以立志。守文因請次第其語，使得時時觀省，且請淺近其辭，則易於通曉也。因書以與之。夫學莫先於立志。志之不立，猶不種其根而徒事培壅灌溉，勞苦無成矣。世之所以因循苟且，隨俗習非，而卒歸於污下者，凡以志之弗立也。故程子曰：「有求為聖人之志，然後可與共學。」《陽明全書》卷之七文錄四示弟立志說乙亥

志不立，天下無可成之事，雖百工技藝，未有不本於志者。今學者曠廢隳惰，玩歲愒時，而百無所成，皆由於志之未立耳。故立志而聖則聖矣，立志而賢則賢矣。志不立，如無舵之舟，無銜之馬，漂蕩奔逸，終亦可所底乎？《陽明全書》卷二十六續編一教條示龍場諸生一立志

朱子說：

為學雖有階漸，然合下立志，亦略見義理大概規模，於自己方寸間，若有個惕然愧懼，奮然勇決之志，然後可加之討論玩索之功，存養省察之力，而期於有得。夫子所謂志學，所謂發憤，政為此也。《朱子文集大全類編》第六冊問答卷二十六答陳超宗

書不記，熟讀可記；義不精，細思可精；唯有

不志不立，直是無着力處。只如而今貪利祿而不貪道義；要作貴人，而不作好人，皆是志不立之病；直須反覆思量，究見病痛起處，勇猛奮躍，不復作此等人。一躍躍出，見得聖賢所說千言萬語，都無一事不是實語，方始立得此志，就此積累工夫，迤邐向上去，大有事在。同上，第七冊雜著卷十滄洲精舍論學者第二又諭學者

(2) 專一：專一就是集中注意力向着一件事做去。周子說：

> 聖可學乎？曰：可。有要乎？曰：有。請問焉。
> 曰：一為要。《周子全書》卷通書聖學篇第二

程子說：

> 博弈小技也，不專心致志，猶不可得。況學聖人之道，悠悠焉，何能自得也？
> 君子之學貴一。一則明，明則有功。以上《二程粹言》卷上論學篇

朱子說：

人做工夫，若不專一，東看西看，則此心先已散漫了，如何看得道理出？須是看《論語》，專只看《論語》；看《孟子》，專只看《孟子》。讀這一章，更不看後章；讀這一句，更不看後句；這一字未理會得，更不得看下字。如此則專一而功可成，若所看不一，氾濫無統，雖卒歲窮年，無有透澈之期。《朱子語類》卷十一學五讀書法下

陽明說：

諷誦之際，務令專心一志，口誦心惟，字字句句，紬繹反覆，抑揚其音節，寬虛其心意，久則義禮浹洽，聰明日開矣。《陽明全書》卷二傳習錄中教約

象山說：

蒙再三瀆，瀆則不告，非發之人，不以告於蒙者也。為蒙者未能專意相向，乃至再三以相試探。《象山全集》卷三十五語錄

(3) 循序：循序，是學者讀書應按步就班，經過一級再進一級，不可躐等。這層意思，是理學家所重視的，

所以在教的方法裡，已為一種基本要點。不過前面是說教者不應躐等教人，這裡所說的，是學者不應躐等求學。朱子說：

> 至於讀書，又必循序致一，積累漸進，而後可以有功也。《朱子文集大全類編》第六冊問答卷三十四答孫敬甫書第一
>
> ……其幸而或知理之在我，與夫學之不可以不講者，則又不知循序致詳，虛心一意，從容以會乎在我之本然，是以急遽淺迫，終已不能浹洽而貫通也。《朱子文集大全類編》第八冊卷六記鄂州州學稽古閣記

陽明說：

> 為學須有本原，須從本原上用力，漸漸盈科而進……立志用功，如種樹然：方其根芽，猶未有幹；及其有幹，尚未有枝；枝而後有葉；葉而後有花實。初種時，只管栽培灌溉，勿作枝想，勿作葉想，勿做花想，勿作實想，懸想何益？但不忘栽培之功，怕沒有枝葉花實！《陽明全書》卷一傳習錄上

象山說：

讀書之法，須是平平淡淡去看，仔細玩味，不可草草，所謂優而柔之，厭而飫之，自然有渙然冰釋，怡然理順底道理。《象山全集》卷三十五語錄

程子說：

學者須敬守此心，不可急迫，當栽培深厚，涵泳於其間，然後可以自得，但急迫求之，只是私已，終不足以達通。《二程遺書》卷二上二先生語二上

張子說：

人欲得正已而物正，大抵道義雖不可緩，又不欲急迫。在人固須求之有漸，於己亦然。蓋精思潔慮，以求大功，則其心隘，惟是得心洪放得如天地易簡。易簡然後能應物皆平正，博學於文者，只要得習坎心亨。《張子全書》卷七理窟學大原下

乙、求學的原則：所謂求學的原則，就是說學，應該依照那幾點重要的意義去探求，方才有所成就。

(1) 務實：周子說：

實勝，善也；名勝，恥也。故君子進德修業，孳孳不息，務實勝也。《周子全書》卷二務實第十四

張子説：

人生固有天道人事，當行不行則無誠。不誠則無物，故須行實事；惟聖人踐形為實之經，得人之形，可離非道也。《張子全書》卷十二語錄抄

程子説：

學者當務實，一有近名之心，則大本已失，尚何所學哉？《二程粹言》卷一論學篇

象山説：

千虛不博一實，吾生平學問無他，只是一實。《象山全集》卷三十四語錄
一實了，萬虛皆碎。同上，卷三十五

朱子説：

為學須是切實為己，則安靜篤實，承載得許多道理；若輕揚淺露，如何探討得道理？縱使探討得，說得去，也承載不住。《朱子語類》卷八學二總論為學之方

陽明說：

　　為學大病在好名。……最是名與實對，務實之心重一分，則務名之心輕一分；全是務實之心，即全無務名之心；若務實之心如飢之求食，渴之求飲，安得更有工夫好名。「疾世而名不稱。」稱字去聲讀，亦「聲聞過情，君子恥之」之意，實不稱名，生猶可補，沒則無及矣。四十五十而無聞，是不聞道，非無聲聞也，孔子云：「是聞也，非達也。」安肯以此望人？《陽明全書》卷一傳習錄上答薛侃問

(2) 致用：程子說：

　　百工治器，必貴於用，器而不可用，工不為也。學而無所用，學將何為？《二程粹言》卷一論學篇
　　多聞識者，猶廣儲藥物也。知所用為貴。同上
　　讀書將以窮理，將以致用也。今或滯心於章句之末，則無所用也。此學者之大患也。同上

丙、求學的態度：

(1) 誠：程子說：

> 進學不誠則學雜。《二程粹言》卷一論學篇

陽明說：

> 僕近時與朋友論學，惟說「立誠」二字。殺人須就咽喉上著刀，吾人為學，當從心髓入微處用力，自然篤實光輝，雖私慾之萌，真是洪爐點雪，天下之大本立矣。《陽明全書》卷四文錄一與黃宗賢書五

(2) 敬：程子說：

> 識道以智為先，入道以敬為本，夫人測其心者，茫茫然也。將治心而不知其方者，寇賊然也。天下無一物非吾度內者，故敬為學之大要。《二程粹言》卷一論學篇

張子說：

> 君子莊敬日強，始則須拳拳服膺，出於牽勉，至

於中禮卻從容。如此方是為己之學。《鄉黨》說孔子
形色之謹，亦是敬。此皆變化氣質之道也。《張子全
書》卷五理窟氣質

朱子說：

　　若論為學，則自有個大要；所以程子推出一個敬
字，與學者說，要且將個敬字，收斂身心，放在匣子
裡面，不去作了，然後逐事逐物，看道理。《朱子語類》
卷十二學六持守

　　誠和敬兩點，因為將來在《存養》一綱裡要詳細討論
的，所以這裡只約略引述一二個人的話，指明一下，並
不多說。

　　（3）懷疑：

　　義理有疑，則濯去舊見，以求新意。《張子全書》
卷七理窟學大原下

　　在可疑而不疑者，不曾學；學則須疑。譬之行
道，將之南山，須問道路之出，若自安坐，則何嘗
疑？同上

　　不知疑者，只是不便實作，既實作，則須有疑，

必有不行處，是疑也。譬之通身會得一邊，或理會一節未全，則須有疑，是問是學處也。無則只是未嘗思慮來也。《朱子語類》卷五氣質

朱子說：

讀書無疑者，須教有疑；有疑者卻要無疑，到這裡方是長進。同上，卷十一學五讀書法下

若用工粗鹵，不務精思，只道無可疑處，非無可疑，理會未至，不知有疑爾。同上，卷十學四讀書法上

象山說：

為學患無疑，疑則有進。孔門如子貢，即無所疑，所以不至於道。孔子曰：女以予為多學而識之者歟？子貢曰：然。往往孔子未然之。孔子復有非與。顏子仰之彌高，末由也已，其疑非細，甚不自安，所以其殆庶幾乎！《象山全集》卷三十五語錄

陽明說：

蓋學之不能以無疑，則有問，問即學也，即行

也；又不能無疑，則有思，思即學也，即行也；又不能無疑，則有辨，辨即學也，即行也。《陽明全書》卷二傳習錄中答顧東橋書

丁、禮樂的陶冶：前面已經說過這派的教育思想是一種人格教育。人格教育是注重陶冶性情的。陶冶性情的工具是禮樂，所以理學家教人特別注重禮樂的陶冶。周子說：

> 古者聖王制禮法，修教化，三綱正，九疇敘，百姓大和，萬物咸若，乃作樂以宣八風之氣，以平天下之情。《周子全書》卷二通書樂中第十八

程子說：

> 修其孝悌忠信，周旋禮樂，其所以誘掖激勵，漸摩成就之道，皆有節序。《明道文集》卷一請修學校尊師儒取士札子

張子說：

> 知及之而不以禮，性之非己有也。故知禮成性而

道義出，如天地位而易行。《張子全書》卷三正蒙至當篇
第九

古樂所以養人德性中和之氣。同上卷五理窟禮樂

陽明説：

今人往往以歌詩習禮，為不切時務，此皆末俗庸
鄙之見，烏足以知古人立教之意哉？大抵童子之情，
樂嬉遊而憚拘檢，如草木之始萌芽，舒暢之則條達，
摧撓之則衰痿。今教童子，必使其趨向鼓舞，中心喜
悦，則其進自不能已。譬之時雨春風，沾被卉木，莫
不萌動發越，自然日長月化。若冰霜剝落，則生意蕭
索，日就枯槁矣。故凡誘之歌詩者，非但發其志意而
已，亦所以泄其跳號呼嘯於詠歌，宣其幽抑結滯於音
節也。導之習禮者，非但肅其威儀而已，亦所以周旋
揖讓而動盪其血脈，拜起屈伸而固束其筋骸也。諷之
讀書者，非但開其知覺而已，亦所以沉潛反覆而存其
心，抑揚諷誦以宣其志也。凡此皆所以順導其志意，
調理其性情，潛消其鄙吝，默化其粗頑，日使之漸於
禮義而不苦其難，入於中和而不知其故。是蓋先王立
教之微意也。若近世之訓蒙稚者，日惟督以句讀課
仿，責其檢束，而不知導之以禮；求其聰明，而不知

養之以善；鞭撻繩縛，若待拘囚，彼視學舍如囹圄而不肯入，視師長如寇仇而不欲見，窺避掩覆以遂其嬉遊，設詐飾詭以肆其頑鄙，偷薄庸劣，日趨下流，是蓋驅之於惡而求其為善也，何可得乎！凡吾所以教，其意實在於此。……爾諸教讀，其務體吾意，永以為訓！《陽明全書》卷之二傳習錄中訓蒙大意示教讀劉伯頌等

　　凡習禮歌詩之數，皆所以常存童子之心，使其樂習不倦，而無暇及於邪僻。教者知此，則知所施矣。

同上，教約

　　三、方法論：怎樣叫做方法論呢？就是說研究學問，應該用甚麼方法。

　　這派的方法論，有兩派的主張：一是程、朱派，一是陸、王派。程、朱是主張經驗的推理。所謂經驗的推理，就是向外界事事物物中間先求得一貫條理，然後再用那一貫條理去推論其他未知的事物，並貫通吾心身所具備的萬理。陸、王是演繹的推理的，所謂演繹的推理，就是先發明內心所具備的萬理，然後去應付一切未知的事物。前者的方法是向外的，繁難的。後者的方法是向內的，簡易的。現在分述於後。

　　甲、程、朱的方法論：程子說：

格猶窮也。物猶理也。若曰：窮其理云爾。《二程粹言》卷一論學篇

若只格一物便通眾理，雖顏子亦不敢如此道。須是今日格一件，明日又格一件，積習既多，然後脫然自有貫通處。《二程遺書》卷十八伊川先生語四

所謂務於窮理者，非道須盡了天下萬物之理。又不道是窮得一理便到，只要積習多後，自然見去。同上，卷二上二先生語上

所謂「今日格一件，明日格一件」，就是蒐羅事實，等於現在科學上的各項實驗。所謂「積習既多，然後脫然自有貫通處」，就是有了各種實驗所得的事實，於是得出一種精確的理論，拿這種理論去應付事物，自然可以貫通；在這個時候，我們的智識是很光明遠大的。對於一切事情，都可以解決，這就是闡明經驗推理的話。所以程子又說：

格物窮理，非是要窮盡天下之物；但於一事上窮盡，其他可以類推。同上，卷十五伊川先生語一

後來朱子又把程子的意思引申的說：

間嘗竊取程子之意以補之曰：所謂致知在格物者，言欲致吾之知，在即物而窮其理也。蓋人心之靈，莫不有知，而天下之物，莫不有理，惟於理有未窮，故其知有不盡也。是以大學始教，必使學者，即凡天下之物，莫不因其已知之理而益窮之，以求至乎其極。至於用力之久，而一旦豁然貫通焉，則眾物之表裡精粗無不到，而吾心之全體大用無不明矣。此謂格物，此謂知之至也。《大學章句》序第五章

他們既倡經驗推理法，自然要主張用精密繁細的工夫，按部就班去研究天下的物理。所以朱子說：

……惟日用之間，所以用力，循循有序，不凌不躐，則至於日至之時，廓然貫通，天人之際，不待認而合矣。今於古人所以下學之序，則以為近於傀儡而鄙厭之，遂欲由徑而捷出，以為簡易，反謂孔、孟未嘗有分明指決，殊不知認而後合，揠苗助長，其不簡易而為傀儡，亦已大矣。《朱子文集大全類編》第六冊問答卷九答江元遺書第三

他們既主張用精密繁細的工夫，同時又以經驗為基礎，那麼這追求的對象，當然是外界事事物物的理。所

以程子說：

> 人要明理，若止一物上明之，亦未濟事；須是集眾理，然後脫然自有悟處。《二程遺書》卷十六伊川先生語二
>
> 多識於鳥獸草木之名，所以明理也。同上，卷二十五伊川先生語十一

乙、陸、王的方法論：象山說：

> 人惟不立乎其大者，故為小者所奪，以叛乎此理而與天地不相似。誠能立其大者，則區區時文之習，何足以汨沒尊兄乎？《象山全集》卷十一與朱濟道書之一

所謂先立其大本，就是先明心見性，然後把心性本然的靈昭明覺去應付一切事物。至於立大本的方法，那就是格去心的非，所以他們訓格為正，物為事。陽明說：

> 物者事也，凡意之所發，必有其事，意所在之事謂之物。格者，正也，正其不正以歸於正之謂也。正其不正者，去惡之謂也。歸於正者，為善之謂也。夫是之謂格。《書》言：「格於上下」，「格於文祖」，

「格其非心」。格物之格，實兼其義也。《陽明全書》卷二十六大學問

至於格非的意義，那就是致良知，所以象山説：

孩提之童，無不知愛其親；及其長也，無不知敬其兄。先王之時，庠序之教，抑申斯義，以致其知，使不失其本心而已。《象山全集》卷十九貴溪重修縣學記

彝倫在人，維天所命，良知之端，形於愛敬，擴而充之，聖哲之所以為聖哲也。同上，武陵縣學記

陽明説：

致者，至也，如云喪致乎哀之致。《易》言：「知至至之。知至者知也；至之者，致也。」致知云者，非若後儒所謂充廣其知識之謂也。致吾心之良知焉耳。良知者，孟子所謂是非之心，人皆有之者也。是非之心，不待慮而知，不待學而能，是故謂之良知，是乃天命之性，吾心之本體，自然靈昭明覺者也。凡意念之發，吾心之良知無有不自知者；其善歟？惟吾心之良知自知之；其不善歟？亦惟吾心之良知自知之。是皆無所與於他人者也。……今欲別

善惡以誠其意，惟在致其良知之所知焉爾。同上，
大學問

他們既主張向內致良知，為求知的標準，自然是要
反對程、朱向外界事物中求真理的。所以陽明說：

後之人惟其不知至善之在吾心，而用其私智，以
揣摸測度於其外，以為事事物物各有定理也，是以昧
其是非之則，支離決裂，人慾肆而天理亡，明德親民
之學，遂大亂於天下。同上
天下事物，如名物度數，草木鳥獸之類，不勝其
煩。聖人須是本體明了，亦何緣能盡知得？《陽明全書》
卷三傳習錄下黃直錄

他們既主張向內致良知而反對向外界事物中間求真
理，自然要用簡易切近工夫，而不贊成程、朱的歸納的
精密繁細的工夫。所以象山說：

墟墓興哀宗廟欽，斯人千古不磨心。涓流積至
（卷三十四語錄作「滴到」）滄溟水，拳石崇成泰華
岑。簡易工夫終久大，支離事業竟浮沉。欲知自下升
高處，真偽先須辨只今。《象山全集》卷二十五鵝湖和教

授兄韻

陽明說：

> 凡工夫只是要簡易真切，愈真切愈簡易，愈簡易，愈真切。《陽明全書》卷六寄安福諸同志
>
> 人惟不知至善之在吾心，而求之於其外，以為事事物物，皆有定理也，而求至善於事事物物之中，是以支離決裂、錯雜紛紜，而莫知有一定之向。今焉既知至善之在吾心，而不假於外求，則志有定向，而無支離決裂、錯雜紛紜之患矣。無支離決裂、錯雜紛紜之患，則心不妄動而能靜矣。《陽明全書》卷二十六大學問

以上已把兩派的方法約略敘述過了。歷來的學者所說的朱、陸分別，就在這一點，並不在他們的根本思想。有人說他們一個唯心，一個唯理，這都是錯的。他們只有方法的不同，沒有思想的不同。所以陽明說：

> 朋友觀書，多有摘議晦庵者。先生曰：「是有心求異即不是。」吾說與晦庵時有不同者，為入門下手處有毫釐千里之分，不得不辯；然吾之心，與晦庵之

心，未嘗異也。若其餘文義解得明當處，如何動得一字？同上，卷一傳習錄上

不單陽明的話可以證明，就是朱子和陸子在鵝湖爭論的事實，也可以證明。《象山全集》卷三十四有一段記載鵝湖爭論的史事，現在寫在下面：

> 呂伯恭為鵝湖之集，先兄復齋謂某曰：伯恭約元晦（朱子）為此集，正為學術異同。某兄弟先自不同，何以望鵝湖之同？先兄遂與某議論致辯，又令某自說。至晚罷，先兄云：子靜之說是。次早某請先兄說，先兄云：某無說。夜來思之，子靜之說極是。方得一詩云：「孩提知愛長知欽，古聖相傳只此心。大抵有基方築室，未聞無址忽成岑。留情傳注翻蓁塞，着意精微轉陸沉，珍重友朋相切琢，須知至樂在於今。」某云：詩甚佳。但第二句微有未安。先兄云：說得怎地？又道未安。更要如何？某云：不妨一面起行，某沿途卻相和此詩。及至鵝湖，伯恭首問先兄別後新功。先兄舉詩才四句，元晦顧伯恭曰：子壽早已上子靜船了也。舉詩罷，遂致辯於先兄。某云途中某和得家兄此詩云：「墟墓興哀宗廟欽，斯人千古不磨心。涓流滴到滄海水，拳石崇成泰華岑。簡易工夫終久大，支離事

業競浮沉。」舉詩至此，元晦失色，至「欲知自下升高處，真偽先須辯只今」。元晦大不懌！於是各休息。翌日二公商量數十折議論來，莫不悉破其說。繼日凡致辯，其說隨屈。伯恭甚有虛心相聽之意，竟為元晦所尼。

　　這會爭論，陸子壽的詩，是說要先立乎大本的意思，象山的詩，是說要用簡易工夫的意思。他們所發表的意見，完全是方法方面的話，並沒有關乎根本思想的話。至於朱子所不滿意的，也是對象山所說的「簡易工夫終久大，支離事業竟浮沉」的話。所以可說他們的不同，只在方法論方面，根本思想，是沒有甚麼不同的。

　　他們的方法論，雖然不同；但是彼此研究學問，也用了一種相同的方法，這方法，是在他們自己所創的方法以外的。是甚麼呢？就是佛家的分析法。佛家治學問，是應用一種精細分析法的。理學家也借用這法，來研究中國過去的學問。因為這個緣故，所以理學的外表，有些和佛學相似。一般人沒有徹底研究，於是說理學就是佛學。其實彼此的根本思想，是不相同的。

　　四、認識論：認識論是研究知識問題的。理學的認識論並不完全，這是因為理學發展的歷程：最初是宇宙論，次之是價值問題，末了才是認識論，所以周、邵、

張諸人，討論宇宙的問題特別用力。程、朱討論價值問題，特別用力。到了象山，陽明，他們雖然沒有拋棄價值問題，但已比較松緩。至於宇宙論大都沒有談到，所談的完全是認識問題。尤其陽明對於認識問題，特別談得多。但因篇幅關係，不能詳細敘述，只有就他所說的話概括說一說。好在本叢書內的《中國哲學史綱要》第八章裡已敘述過一些，可以參閱。

陽明對於認識論的第一點貢獻，就是認識的程序和着心與物的關係，這點是很難了解而又容易誤會的。陽明認為心是認識的主腦，如同君是百官的主腦一般。君統領百官，心統領五官。所以他說：

> 人君端拱清穆，六卿分職，天下乃治。心統五官，亦要如此。

心既是統領五官的，是認識的主宰，那它自然用不着直接去應付外界的刺激，只有冷靜地讓五官處理，待它們最後的報告而加以裁判而已。所以陽明又說：

> 今眼要視時，心便逐在色上；耳要聽時，心便逐在聲上。如人君要選官時，便自去坐在吏部；要調兵時，便自去坐在兵部：如此豈惟失卻君體，六卿亦皆

不得其職。同上

　　陽明這話的意思是甚麼呢？是說認識的程序，先須根塵相對，然後再由心加入辯證，這樣才能把一件事或一樣物認識清楚，否則是不能的。從這層意思，我們就可以明白陽明所說的認識的程序了。這種程序是和佛家所說的認識的程序相同的。程序雖相同，但彼此所說的心與物的關係程度，並不相同，佛家認為物是永遠在心裡的，所以外塵不是真有，是心的幻象。陽明卻認為物是獨立存在的，只有當認識的當兒，物受了心的支配，在心的作用之下，是在心的範圍的。在下面一段話，可以看清楚。

　　　　先生遊南鎮，一友指巖中花樹曰：天下無心外之物，如此花樹在深山中自開自落，於我心亦何相關？先生曰：你未看此花時，此花與你心同歸於寂，你來看此花時，則此花顏色一時明白起來，便知此花不在爾的心外。《陽明全書》卷三傳習錄下黃省曾錄

　　這段話的意思，是說明花與心未發生關係以前，彼此是獨立存在的，一到發生關係以後，花便在心裡了，為甚麼會在心裡呢？因為花被心認識了。

但是宇宙萬物，永遠是和心發生關係，既永遠和心發生關係，宇宙萬物自然是在心裡的，那陽明的話又和佛家的話有甚麼分別呢？從事實上是沒有甚麼分別，因為彼此都說花不在心外；但從原因說，彼此是有大分別的，因為佛家是從宇宙本質立場，說花在心；陽明是從認識的立場，說花在心，相異之處甚大。所以不能不鄭重說明。

陽明對於認識論的第二點貢獻，就是把「行」混合到知的範圍來，認為行與知是一件事，行不過是知的一端。所以他主張知行合一。現在引他的話來作證：

> 某嘗說：知是行的主意，行是知的工夫；知是行之始，行是知之成：若會得時，只說一個知，已自有行在，只說一個行，已自有知在。古人所以說一個知，又說一個行者，只為世間有一種人，懵懵懂懂的，任意去做，全不解思惟省察，也只是個冥行妄作，所以必說個知方才行得是；又有一種人，茫茫蕩蕩，空去思索，全不肯着實躬行，也只是個揣摸影響，所以必說一個行方才知得真。此是古人不得已補偏救弊的說話，若見得這個意時，即一言而足。今人卻就將知行分作兩件去做，以為必先知了，然後能行，我如今且去講習討論做知的工夫，待知得真了方

去做行的工夫，故遂終身不行，終身不知。此不是小病痛，其來已非一日矣。某今說個知行合一，正是對病的藥。《陽明全書》卷一傳習錄上徐愛錄

陽明既提倡知行合一，擴大知的範圍，和加增知的重要，於是就把求學和修養工夫，統統放在致良知上面。造成一種知德並重或知識即道德的思想。

所謂良知：就是一種不須教自然能認識事物的東西，正如電燈不須燃燒就能照耀一般。所以良知是一種體不是一種用，留這良知能夠知道一切，而無所不通，這「通」才是用。所以陽明說：

知是心之本體，心自然會知，見父自然知好，見兄自然知弟，見孺子自然知惻隱，此便是良知，不假外求。若良知之發，更無私意障礙，即所謂「充其惻隱之心，而仁不可勝用也」。《陽明全書》卷一傳習錄上

這是陽明說明良知是怎樣一種東西及其功用的話。

良知良能，愚夫愚婦，與聖人同。但惟聖人能致其良知，而愚夫愚婦不能致，此聖愚之所由分也。節目時變，聖人夫豈不知，但不專以此為學；而其所

謂學者，正惟致其良知，以精察此心之天理，而與後
世之學不同耳。吾子未暇良知之致，而汲汲焉顧是之
憂，此正求其難於明白者以為學之弊也。同上，卷二傳
習錄中答顧東橋書

這是陽明主張致良知的話。

這知行合一與致良知，是陽明學說的中心，我們應
該特別留意的！

論存養

第一目　總　論

這綱所討論的，是關於修養方面的問題，包括涵養改過遷善克己復禮，出處進退辭受之義及人心疵病等節目。這綱的意義，拿現代的哲學名詞去解釋，可以說是理學的人生哲學。至於本節目內所採用的名詞，仍依理學上的舊名。現在分目敘述於後。

第二目　涵　養

一、反性：所謂「反性」，就是涵養的目的。涵養就是修養。我們為甚麼要涵養呢？就是想反性。反性是甚麼意義呢？是回覆到天地之性。為甚麼要回覆到天地之性呢？這因為人們有二重的性：一是天地之性，一是氣質之性。天地之性是善的，氣質之性是惡的。因為氣質之性惡，可以戕害天地之性，所以人們要變化氣質，回覆到天地之性。變化氣質的話，已在前綱說過，無容再說。現在引證理學家主張反性的話：

周子說：

　　復焉執焉之謂賢。《周子全書》卷二通書誠幾德第三

張子說：

　　性於人無不善，繫其善反不善反而已。過天地之化，不善反者也。……善反之，則天地之性存焉。故氣質之性，君子有弗性者焉。《張子全書》卷二誠明篇第六

程子說：

　　復者，陽反來復也。陽，君子之道。故復為反善之義。初剛陽來復處，卦之初復之最先者也，是不遠而復之也。失而後有復，不失則何復之有？惟失之不遠而復，則不至於悔，大善而吉也。《伊川易傳》卷二上經下復卦初九傳

　　湯、武反之身之者，學而復者也。《二程遺書》卷十一明道先生語

象山說：

　　復，德之本也。……復者陽復，為復善之義。人性本善，其不善者，遷於物也。知物之為，而能自反，則善者乃吾性之固有，循吾固有而進德，則沛然

無他適矣。故曰：復，德之本也。知復則內外合矣。
《象山全集》卷三十四語錄嚴松年錄

朱子説：

此性本善，但感動之後，或失其正，則流於惡耳，此等處反之於身，便自見得，不必致疑。《朱子文集大全類編》卷第六問答卷二十一答汪清卿

陽明説：

一友常易動氣責人。先生警之曰：「學須反己。」
《陽明全書》卷三傳習錄下黃修易錄

二、生：既把氣質之性變化了，回覆到天地之性，這人就和宇宙一般，與「天地合其德，日月合其明」了。人既是和宇宙一般，但理學家認為宇宙是以生為活動的意義的，所以他們又認為人也應以生為活動的意義，而主張唯生的人生觀。程子説：

天地之大德曰生。天地絪縕，萬物化醇，生之謂性。萬物之生意最可觀。此元者善之長也，斯所謂仁

也。人與天地一物也，而人特自小之何耶？《二程遺書》卷十一明道先生語一

這是程子説宇宙以生為意義，人和宇宙一般，也應以生為意義；但一般人不知道這層道理，把自己看小了，所以不能擴充這生，以行仁道，去和天地合德。

《家語》載耘瓜事，雖不可信，卻有義理。曾子耘瓜，誤斬其根，曾皙建大杖以擊其背，曾子僕地，不知人事，良久而蘇，欣然起進，曰：大人用力教參，得無疾乎？乃退，援琴而歌，使知體康。孔子聞而怒。曾子至孝如此，亦有這失處。若是舜，百事從父母，只殺他不得。同上，卷二十三伊川先生語九

　　人莫重於生，至於捨得死，道須大段好如生也。同上

這是説對自己要生。邵子説：

　　夫變也者，昊天生萬物之謂也；權也者，聖人生萬民之謂也。《皇極經世》一觀物內篇四

周子説：

> 故聖人在上，以仁育萬物，以義正萬民。天道行而萬物順，聖德修而萬民化。《周子全書》卷二通書順化第十一

程子説：

> 周茂叔窗前草不除去，問之，云：「與自家意思一般。」《二程遺書》卷三二先生語三

以上的話是説對人民萬物要生。

上面敘述的兩點是存養的主腦。還有存養的工夫或方法，分條敘述於後。

理學存養的第一種方法，是存誠。

三、存誠：誠是甚麼？是一種實理，就是宇宙中間應有的理。存誠是要保持那實理，不要使它喪失，也不要違背它。換句話：就是我們無論做甚麼事，都應照着宇宙的實理去做。如果不依照實理去做，那就是偽。所以理學家特別主張存誠。這存誠是第一種修養法。現在先證明誠是實理的話。程子説：

誠者實理也。專意何足以盡之?《二程粹言》卷一
論道篇

朱子說:

誠只是實……誠只是理。《朱子語類》卷六理性情三
仁義禮智等名義

陽明說:

誠是實理。《陽明全書》卷三傳習錄下黃省曾錄

誠是實理既證明了,現在來引證他們主張存誠的話。
周子曰:

聖誠而已矣。誠,五常之本,百行之源也。靜
無而動有,至正而明達也。五常百行,非誠非也。邪
暗塞也。故誠則無事矣,至易而行難。果而確,無難
焉。《周子全書》卷二通書誠下二

這是甚麼意思?現在把朱子註釋這節的話引在後
面,看了就容易明白。

聖人之所以聖，不過全此實理而已。即所謂太極者也。五常：仁、義、禮、智、信，五行之性也。百行，孝悌忠信之屬，萬物之象也。實理全，則五常不虧，而百行修矣。方靜而陰，誠固未嘗無也，以其未形而謂之無耳。及動而陽，誠非至此而後有也，以其可見而謂之有耳。靜無則至正而已。動有然後明與達者可見也。非誠則五常百行皆無其實，所謂不誠無物者也。靜而不正，故邪。動而不明不達，故暗且塞。誠則眾理自然，無一不備，不待思勉，而從容中道矣。實理自然，故易。人偽奪之，故難。果者陽之決，確者陰之守。決之勇，守之固，則人偽不能奪之矣。《朱子通書》註

張子説：

性與天道合一，存乎誠。天所以長久不已之道，乃所謂誠。仁人孝子所以事天誠身，不過不已於仁孝而已。故君子誠之為貴。誠有是物，則有終有始。偽實不有，何終始之有？故曰：「不誠無物。」《張子全書》卷二正蒙誠明第六篇

程子説：

苟非至誠，雖建功立業，亦出於事為浮氣，其能久乎？《二程粹言》卷一論道篇

子謂學者曰：夫道恢然而廣大，淵然而深奧，於何所用其力乎？惟立誠然後有可居之地。同上

誠者物之終始，不誠無物。這裡缺了它，則便這裡沒這物。《二程遺書》卷二上二先生語二上

不誠則有累，誠則無累。《二程粹言》卷一論學篇

象山説：

由乎已之誠存，而至於民之化德，則經綸天下之大經者，信乎其在於至誠。而知至誠者，信乎非聰明睿知達天德者有不能也。《象山全集》卷二十九程文第一篇

誠者自誠也，而道自道也。君子以自昭明德。人之有是四端，而自謂不能者，自賊者也。《象山全集》卷三十四語錄嚴松年錄

陽明説：

陽明子與之坐，蓋默然良久，乃告之以立誠之說，聳然若僕而興也。《陽明全書》卷七文錄四序贈周以

善歸省序乙亥

　　陽明子曰：立誠盡之矣。夫誠實理也，其在天地，則其麗焉者，則其明焉者，則其行焉者，則其引類而言之不可窮焉者，皆誠也；其在人物，則其蕃焉者，則其群焉者，則其分焉者，則其引類而言之不可盡焉者，皆誠也。是故殫智慮，弊精力，而莫究其緒也；靡晝夜，極年歲，而莫竟其說也；析蠶絲，擢牛尾，而莫既其奧也。夫誠一而已矣，故不可復有所益；益之是為二也，二則偽，故誠不可益。不可益，故至誠無息。同上，贈林典卿歸省序乙亥

理學家既主張保存實理，那麼這實理是甚麼？是天理。因為這層關係，他們於是又主張去人慾存天理。為甚麼去人慾呢？因為人慾可以泯滅天理的。人慾是甚麼？就是違背實理的一種物慾。這去人慾存天理就是存誠唯一方法，現在引證理學家主張去人慾存天理的話。程子說：

　　人於天理昏者，是只為嗜慾亂著佗。莊子言其嗜慾深者其天機淺，此言卻最是。《二程遺書》卷二上二先生語二上

這是程子說人慾可以泯滅天理的話。

程子說：

> 天下之害皆以遠本而末勝也。峻宇雕牆，本於宮室；酒池肉林，本於飲食；淫酷殘忍，本於刑罰；窮兵黷武，本於征伐。先王制其本者天理也。後王流於末者人慾也。損人慾以復天理，聖人之教也。《二程粹言》卷一論道篇

張子說：

> 湛一氣之本，攻取氣之慾，口腹於飲食，鼻舌於臭味，皆攻取之性也，知德者屬厭而已。不以嗜慾累其心，不以小害大，末喪本焉爾。《張子全書》卷二正蒙誠明第六

朱子說：

> 凡吾日用之間，所以去人慾復天理者，皆吾分內當然之事。其勢至順而難。《朱子文集大全類編》第七冊問答卷十五山講義

> 故聖人只說克己復禮，教人實下工夫。去卻人

慾，便是天理。……若不能着實下工夫，去卻人慾，則雖就此識得未嘗離之天理，亦安所用乎？《朱子文集大全類編》第七冊雜著卷九胡子知言疑義

陽明說：

如何不講求？只是有個頭腦，只是就此心去人慾存天理上講求。《陽明全書》卷一傳習錄上答徐愛問

學是學去人慾存天理。從事於去人慾存天理，則自正。同上，答子仁問

以上是程、朱、王諸人主張去人慾存天理的話。至於象山呢？他是不主張分甚麼人慾和天理的。所以他說：

天理人慾之言，亦自不是至論。若天是理，人是慾，則是天人不同矣。此其原：蓋出於老氏。《樂記》曰：「人生而靜，天之性也，感於物而動，性之慾也。物至知之，而後好惡形焉。不能反躬，天理滅矣。」天理人慾之言，蓋出於此。《樂記》之言，亦根於老氏，且如專言靜是天性，則動獨不是天性耶？《書》云：「人心惟危，道心惟微。」解者多指人心為人慾，道心為天理。此說非是。心一也，人

安有二心？自人而言，則曰惟危；自道而言，則曰惟微。罔念作狂，克念作聖非危乎？無聲無臭，無形無體非微乎？《象山全集》卷三十四語錄傅子雲錄

象山雖說分人慾與天理為二是不對的，這不過是名詞上的爭論。至於主張去慾存理卻是和程、朱、王諸人一樣的。所以他也說：

誠能深思是身，不可使之為小人之歸。其於利慾之習，怛焉為之痛心疾首，專志乎義而日勉焉。博學審問謹思明辨而篤行之。由是而進於場屋，其文必皆道其平日之學，胸中之蘊，而不詭於聖人。由是而仕，必皆共其職，勤其事，心乎國，心乎民，而不為身計，其得不謂之君子乎？同上，卷二十三講義白鹿洞書院講義

這是象山主張去慾的話。

若果有志，且須分別勢利道義兩途。某之所言，皆吾友所固有。且如聖賢垂教，亦是人固有，豈是外面把一件物事來贈吾友？但能悉為發明天之所以予我者。如此其厚！如此其貴！不失其所以為人者耳。同

上，卷三十五語錄李伯敏錄

　　心之體甚大，若能盡我之心，便與天同，為學只是理會此。同上

這是象山主張存理的話。

理學家存養的第二種方法，是居敬。

四、居敬：敬是甚麼？是一種內在的狀態（Inside state）。這種狀態的功用，就是能集中注意力，控制各種無關係的反動。所以理學家要主張居敬，喚起這種內在狀態，趨向一種目標，而遏抑無關的反動，或澄清一切思慮。

張子說：

　　敬、斯有立，有立、斯有為。敬、禮之興也。不敬則禮不行。《張子全書》卷三正蒙至當篇第九

程子說：

　　有諸中謂之敬。《二程遺書》卷六二先生語六
　　敬勝百邪。同上，卷十一明道先生語一
　　一不敬則私慾萬端生焉。害仁此為大。《二程粹言》卷一論道篇

這是程子說有了敬可以抑止與目標無關的一切反動。沒有敬，那就不能了。

> 人心不能不交感萬物，亦難為使之不思慮，若欲免此，唯是心有主，如何為主？敬者已矣。……所謂敬者，主一之謂敬。所謂一者，無適之謂一。同上，卷十五伊川先生語一

這是程子說要澄清一切思慮，只有居敬的話。

> 涵養須用敬。同上，卷十八伊川先生語四
>
> 或問夫子之教，必使學者涵養而後有所得如何其涵養也，子曰：莫如敬。《二程粹言》卷一論學

朱子說：

> 敬字工夫，乃聖門第一義，徹頭徹尾，不可頃刻間斷。《朱子語類》卷十二學六持守
>
> 或曰：主一之謂敬。敬莫是主一？曰：主一又是敬字注解。要之：事無大小，常令自家精神思慮盡在此，遇事時如此，無事時如此。同上

以上是張、程、朱等主張居敬的話。

上文所述理學家誠敬的存養，中間還有一些分別。甚麼分別呢？就是程子和朱子是主張誠敬並用的。換句話：程、朱是一方面主張存誠的修養，一方面又主張持敬的修養。至於象山和陽明呢？他們只主張存誠，不主張持敬，並且反對持敬，認為持敬是枝節工夫。所以象山說：

> 且如存誠持敬二語自不同，豈可合說？存誠字，於古有考。持敬字，乃後來杜撰。《易》曰：「閑邪存其誠。」《孟子》曰：「存其心。」某舊亦嘗以存名齋。
> 《象山全集》卷一與邵叔誼書

陽明說：

> 《大學》工夫，即是明明德，明明德只是個誠意；誠意的工夫，只是格物致知。若以誠意為主，去用格物致知的工夫，即工夫始有下落，即為善去惡，無非是誠意的事。如《新本》先去窮格事物之理，即茫茫蕩蕩，都無着落處；須用添個敬字，方才牽扯得向身心上來，然終是沒根源。若須用添個敬字，緣何孔門倒將一個最緊要的字落了，直待千

餘年後要人來補出？正謂以誠意為主，即不須添敬字，所以提出個誠意來說，正是學問的大頭腦處。於此不察，真所謂毫釐之差，千里之謬。大抵《中庸》工夫只是誠身，誠身之極，便是至誠；《大學》工夫，只是誠意，誠意之極，便是至善：工夫總是一般。今說這裡補個敬字，那裡補個誠字，未免畫蛇添足。《陽明全書》卷一傳習錄上答蔡希淵問

這是陸、王不主張持敬的話。

程子說：

　　誠然後能敬，未及誠時，卻須敬而後能誠。《二程遺書》卷六二先生語六

這是程子主張誠敬並用的話。程子為甚麼主張誠敬並用呢？是因為誠的工夫，是與宇宙合一的工夫，就是天道，所以高遠難行。敬是人們自己的工夫，就是人事的根本，所以切近易行。至於誠敬彼此的關係呢？敬是誠的一部分。所以能誠自然能敬，能散亦未嘗不可以誠。但誠難行，敬易為；故應持敬，從易而人難。所以程子又說：

誠者天之道，敬者人事之本。敬則誠。同上，卷
十一明道先生語一

況且程、朱本來是主張用繁密的方法的，那麼添補
一個敬的修養法，也無足怪。至於陸、王呢，因為他們
是主張簡易的方法，從大本着手，而不顧枝節，這也是
有道理的。因為整個既做成功了，哪有枝節還不能成的
道理呢？所以他們只主張存誠不主張持敬。但他們雖不
主張持敬，有時也教人喚起這種內在狀態 —— 或敬 ——
去抵抗一切不相干的反應。所以象山說：

> 小心翼翼，昭事上帝，上帝臨汝，無貳爾心。戰
> 戰兢兢，哪有閒管時候。《象山全集》卷三十五語錄
> 惟精惟一，須要如此涵養。同上
> 無事時，不可忘小心翼翼，昭事上帝。同上
> 某聞諸父兄師友：道未有外乎其心者，自可欲
> 之善，至於大而化之之聖，聖而不可知之神，皆吾心
> 也。心之所為，猶之能生之物，得黃鐘大呂之氣，能
> 養之至於必達，使瓦石有所不能壓，重屋有所不能
> 蔽，則自有諸己至於大而化之者，敬其本也。同上，
> 卷十九敬齊記

陽明說：

　　夫君子之所謂敬畏者，非有所恐懼憂患之謂也，
乃戒慎不睹，恐懼不聞之謂耳。……夫心之本體即天
理；天理之昭明靈覺，所謂良知也。君子之戒慎恐懼，
惟恐其昭明靈覺者，或有所昏昧放逸，流於非僻邪
妄，而失其本正耳。……堯、舜之兢兢業業，文王之
小心翼翼，皆敬畏之謂也。《陽明全書》卷五文錄二書答
舒國用

　　程、朱雖主張居敬；但又認為敬只含有情和意的成
分，沒有知的成分，所以敬只能遏抑無關的反動，而不
能辨別外界刺激的是非。換句話：敬只能持己，而不一
定能順理。如果要順理，就要集義。惟有義才能順理而
行。所謂「義以方外」，於是他們又主張集義以濟敬。程
子說：

　　故只是涵養一事，必有事焉，須當集義，只知用
敬，不知集義，卻是都無事也。……義在心內，苟不
主義，浩然之氣，從何而生？理只是發而見於外者。
且如恭敬，幣之未將者也。恭敬雖因幣帛威儀而後發
見於外，然須心有此恭敬，然後著見；若心無恭敬，

何以能爾？……敬只是持己之道，義便知有是有非。順理而行，是為義也。若只守一個敬，不知集義，卻是都無事也。《二程遺書》卷十八伊川先生語四

朱子說：

敬有死敬，有活敬，若只守著主一之敬，遇事不濟之以義，辨其是非，則不活。《朱子語類》卷十二學六持守

至於陽明呢？雖然也教人喚起這種內在狀態，去抵抗一切無關的反動，說出「敬畏」二字，但他認為那內在狀態——敬畏，是和義一般的。敬畏中間，也有知的成分，一方面能抑止無關的反動，一方面也可以辨別外界的刺激。為甚麼有敬和義兩個名詞呢，那是因為有事和沒有事的關係。所以他說：

就如《易》言：「敬以直內，義以方外。」敬即是無事時義；義即是有事時敬。兩句合說一件。如孔子言：「修己以敬」，即不須言義。孟子：「集義」，即不須言敬。會得時橫說豎說，工夫總是一般。若泥文逐句，不識本領，即支離決裂，工夫都

無下落。《陽明全書》卷一傳習錄上答梁日孚問

程、朱和陽明所以對於敬和義有這樣的不同的說法，也是有根本原因的。為甚麼呢？就是程、朱把居敬和窮理分作兩事看。至於陽明呢？卻把居敬和窮理看作一事。所以陽明說：

> 梁日孚問：居敬窮理是兩事，先生以為一事，何如？先生曰：天地間只有此一事，安有兩事？若論萬殊，禮儀三百，威儀三千，又何止兩？公且道居敬是如何？窮理是如何？曰：居敬是存養工夫，窮理是窮事物之理。曰：存養個甚？曰：是存養此心之天理。曰：如此亦只是窮理矣。曰：且道如何窮事物之理？曰：如事親便要窮孝之理，事君便要窮忠之理。曰：忠與孝之理，在君親身上，在自己心上？若在自己心上，亦只是窮此心之理矣。且道如何是敬？曰：只是主一，如何是主一？曰：如讀書便一心在讀書上，接事便一心在接事上。曰：如此則飲酒便一心在飲酒上。好色便一心在好色上，卻是逐物，成甚居敬功夫？日孚請問。曰：一者天理，主一是一心在天理上，若只知主一，不知一即是理，有事時便是物逐，無事時便是着空。惟其有事無事，一心皆在天理上用功，所以

居敬亦即是窮理。就窮理專一處說，便謂之居敬；就居敬精密處說，便謂之窮理。卻不是居敬了別有個心窮理，窮理時別有個心居敬。名雖不同，功夫只是一事。同上

理學家存養的第三種方法，是思。

五、思：所謂思，就是反身內省的意思。和心理學上所說的內省法（Introspection）一般的。用思來修養，就是對自己意識活動的時候，加以觀察，看那活動的方面是怎樣。在這觀察的過程中，可以發生兩種作用：一、叫我們能辨別活動方面的好壞，因而去壞就好。二、可以打斷妄念，就是停止不良的心理活動。例如我們有一種不良的心理正在活動的時候，如果加以內省，它那活動，不必故意去抑止它，也會因內省的結果，自然而然的停止。程子說：

……克己所以治怒。《二程遺書》卷一二先生語一

毋不敬，儼若思……思無邪。《二程遺書》十一明道先生語一

這是說思自然可以停止不良的心理活動。

周子說：

《洪範》曰:「思曰睿,睿作聖。」無思,本也。思通,用也。幾動於彼,誠動於此,無思而無不通為聖人。不思則不能通微,不睿則不能無不通,是則無不通生於通微,通微生於思。《周子全書》卷二通書思第九

黃宗羲説:

幾動誠動,言幾中之善惡方動於彼,而為善去惡之實功,已先動於思。《宋元學案》卷十一上文按語

這是説思可以使我們辨別心理活動的方向,因而就善去惡。程子説:

博學而篤志,切問而近思,何以言仁在其中矣?學者要思得之。了此便是徹上徹下之道。《二程遺書》卷十四明道先生語四

思曰睿,睿作聖。才思便睿。以至作聖,亦是一個思。同上,卷十八伊川先生語四

朱子説:

何以窒慾？伊川曰：「思。」此莫是言慾心一萌，當思禮義以勝之否？曰：然。問思與敬如何？曰：人於敬上未有用力處，且自思入，庶幾有個巴攬處。思之一字，於學者最有力。《朱子語類》卷九十七程子之書三

象山說：

大抵學者，且當大綱思省。《象山全集》卷三與曹挺之書

義理之在人心，實天之所與，而不可泯滅焉者也。彼其受蔽於物，而至於悖理違義，蓋亦弗思焉耳，誠能反而思之，則是非取捨。蓋有隱然而動，判然而明，決然而無疑者矣。《象山全集》卷三十二拾遺思則得之

陽明說：

思曰睿，睿作聖。心之官則思，思則得之，思其可少乎，沉空守寂，與安排思索，正是自私用智，其為喪失良知一也。良知是天理之昭明靈覺處，故良知即是天理，思是良知之發用。若是良知發用之思，

則所思莫非天理矣。《陽明全書》卷二傳習錄中答歐陽崇一書

遠慮不是茫茫蕩蕩去思慮，只是要存這天理。天理在人心，亙古亙今，無有終始。天理即是良知。千思萬慮，只是要致良知。良知愈思愈精明；若不精思，漫然隨事應去，良知便粗了。《陽明全書》卷三傳習錄下黃省曾錄

以上的話，可以證明這派人是主張以思為修養的方法的。

他們既主張拿思去停止不良的意識活動，而促進好的意識，這可以證明他們並不一概反對一切的心理活動，只有當着心理活動時候，用思去觀察一下，再用一番取捨功夫。所以他們極力反對佛家屏棄思慮見聞的話，因為這見聞思慮，是天然的心理活動，並不能屏除的。程子說：

學者以屏知見息思慮為道，不失於絕聖棄智，必流於坐禪入定。夫鑒之至明，則萬物畢照，鑒之常也。而奚為使之不照乎？不能不與萬事接，則有感必應，知見不可屏，而思慮不可息也。欲無外誘之患，惟內有主而後可。主心者主敬也。主敬者主一也，不

一則二三矣。苟繫心於一事，則他事無自入，況於主敬乎？《二程粹言》卷一論學篇

陽明說：

《繫》言：「何思何慮？」是言所思所慮，只是一個天理，更無別思別慮耳，非謂無思無慮也。故曰：「同歸而殊途，一致而百慮，天下何思何慮？」云殊途，云百慮，則豈謂無思無慮耶？《陽明全書》卷二傳習錄中啟問道通書

理學家存養的第四種方法，是物觀。

六、物觀：怎樣叫做物觀呢？就是孔子所說毋意毋我的意思。換句話：就是隨自然的變化而不聽感情的支配。這是教人酬酢事變的修養。邵子說：

夫鑑之所以能為明者，謂其不隱萬物之形也。雖然，鑑之能不隱萬物之形，未若水之能一萬物之形也。雖然，水之能一萬物之形，又未若聖人能一萬物之情也。聖人之所以能一萬物之情者，謂其能反觀也。所以謂之反觀者，不以我觀物也。不以我觀物者，以物觀物之謂也。既能以物觀物，又安有於其間

哉？《皇極經世》卷六觀物內篇之十二

張子說：

人到向道後，俄傾不捨，豈暇安寢哉？然君子向
晦入燕處，君子隨物而止，故入燕處，然其仁義功業
之心未嘗忘；但以其物之皆息，吾兀然而坐，無以為
接，無以為功業，須亦入息。《張子全書》卷六理窟義理

程子說：

以物待物，不以己待物，則無我也。《二程遺書》
卷十一明道先生語一

聖人之喜，以物之當喜；聖人之怒，以物之當
怒。是聖人之喜怒，不繫於心，而繫於物也。《明道文
集》卷三答張橫渠書

陽明說：

然亦不是懸空的致知。致知在實事上格。《陽明全
書》卷三傳習錄下黃以方錄

象山說：

> 《詩》稱文王不識不知，順帝之則。《康衢之
> 歌》，堯亦不過如此。《論語》之稱舜、禹曰：「巍
> 巍乎有天下而不與焉。」人能知與焉之過，無識知
> 之病，則此心炯然，此理坦然，物各付物，會其有
> 極，歸其有極矣！所過者化，所存者神，上下與天
> 地同流，豈曰小補之哉？不然，則作好作惡之私，
> 偏黨反側之患，雖賢者智者有所未免。中固未易
> 執，和固未易致也。《象山全集》卷一與趙監書二

朱子說：

> 處己接物，內外無二道也。得於己而失於物者無
> 之。故凡失於物者，皆未得於己者也。《朱子文集大全
> 類編》第七冊問答卷十二答程允夫一

理學家存養的第五種方法，是動靜。

七、動靜：動靜是存養的方式。所謂動靜，就是說
修養到底是應該動呢？還是應該靜呢？關於這個問題，
後來的學者有許多誤會。誤會甚麼？就是說理學家不主
張動的修養，而主張靜的修養。所以有些人譏誚理學為

禪學。其實理學哪裡是禪學呢？理學家也哪裡完全主張
靜而反對動呢？據我們的研究，理學固不是禪學，理學
家也不完全主張靜。他們是以動為本而以靜為方的。周
子說：

> 動而無靜，靜而無動，物也。動而無動，靜
> 而無靜，神也。動而無動，靜而無靜，非不動不靜
> 也。……物則不通，神妙萬物。……四時運行，萬物
> 終始，混兮闢兮，其無窮兮。《周子全書》卷二通書動靜
> 第十六

張子說：

> 至虛之實，實而不固；至靜之動，動而不窮。實
> 而不固，則一而散，動而不窮，則往且來。《張子全書》
> 卷三正蒙乾稱篇第十七

程子說：

> 一陽復於下，乃天地生物之心也。先儒皆以靜為
> 見天地之心，蓋不知動之端，乃天地生物之心也。非
> 知道者，孰能識之？《伊川易傳》卷二上經復卦象

象山說：

> 靜是天性，則動獨不是天性耶？見前

這是他們以動為本的話。怎樣叫做以動為本呢？就是說動是宇宙和人生的開始，如果沒有動，那就可以說沒有了宇宙，也沒有了人生，所以動是不可少的。他們既認為動是不可少，那麼，他們還會反對動嗎？

周子說：

> 聖人定之以中正仁義，而主靜。《太極圖說》

這是周子以靜為方的話，怎樣叫做以靜為方呢？就是無慾的意思。

換句話：是教人去物慾而保持人心本來靈明昭覺的狀態。為甚麼要去慾呢？因為一有了慾，心自然蠢動而不靜。《史記》說：「利令智昏。」就是這個意思。所以要去慾保持心的靜的狀態，以便應付事物。上文本註上說：「無慾故靜。」後來朱子註《太極圖說》又說：

> 苟非此心寂然無慾而靜，則又何以酬酢事物之變，而一天下之動哉？見朱子《太極圖說》註

這足見理學家是以無慾訓靜。所以他們並不是教人呆木不動，是教人去慾保持本心靜寂的狀態，好應付外界的刺激。所以靜不是整個的人生應有的態度，而是遇事應取的方法。至於人生整個的態度，無所謂靜，無所謂動，如果是無慾的話，動也好，靜也好。所以他們只說無慾，不問動靜。程子說：

動以人則有妄，動以天則無妄。《二程粹言》卷一論學篇

前日思慮紛擾，又非禮義，又非事故，如是，則只是狂妄人耳。懲此以為病故要得虛靜，其極欲得如槁木死灰，又卻不是。蓋人活物也，又安得為槁木死灰？既活則須有動作，須有思慮。必欲為槁木死灰，除是死也。忠信所以進德者，何也？閑邪則誠自存，誠存斯為忠信也。如何是閑邪？非禮而勿視、聽、言、動，邪斯閑矣。以此言之，又幾時要身如槁木，心如死灰？《二程遺書》卷二上二先生語上

這是程子教人不必無謂的持靜。弄成槁木死灰，只要無慾，閑邪存誠。至於動呢，還是要的。

朱子說：

動時靜便在這裡，動時也有靜，順理而應，則雖
動亦靜也。……事物之來，若不順理而應，則雖塊然
不交於物以求靜，心亦不能得靜。惟動時能順理，則
無事時能靜；靜時能存，則動時得力；須是動時也做
工夫，靜時也做工夫。……雖然，動靜無端，亦無截
然為動為靜之理。《朱子語類》卷十二學六持守

這是朱子說我們修養不必問動靜，只問順理與不順
理。順理就無慾。如果能順理的話，那動靜是一般的。
如果不順理的話，就是靜也是不能得靜的。這足見朱子
並沒有反對動。

陽明說：

心無動靜者也。其靜也者，以言其體也。其動
也者，以言其用也。故君子之學，無間於動靜，其靜
也常覺，而未嘗無也，故常應。其動也常定，而未嘗
有也，故常寂。常應常寂，動靜皆有事焉，是之謂集
義。集義故能無祗悔，所謂動亦定，靜亦定者也。心
一而已，靜其體也，而復求靜根焉，是撓其體也。動
其用也，而懼其易動焉，是廢其用也。故求靜之心即
動也，惡動之心非靜也，是之謂動亦動，靜亦動，將
迎起伏，相尋於無窮矣。故循理之謂靜，從慾之謂

動，慾也者，非必聲色貨利外誘也，有心之私皆慾也。故循理焉，雖酬酢萬變皆靜也。濂溪所謂主靜，無慾之謂也，是集義者也。從慾焉，雖心齋坐忘，亦動也。告子之強制，正助之謂也，是外義者也。《陽明全書》卷五六錄二答倫武書

這是陽明說一個人的修養，無所謂動無所謂靜的，就是無間於動靜的意思。不過要循理去慾，能循理就是靜了，從慾就是動了。

從第三至第七各節，是關於整個存養的方法。還有兩點關於實現唯生的人生觀的方法：一是求仁，一是公。

八、求仁：仁是生的象徵。如桃仁、杏仁，從那個仁可以生出桃和杏來的。所以朱子說：

且如萬物收藏，何嘗休了，都有生意在這裡面。如穀種、桃仁、杏仁之類，種着便生，不是死物，所以名之曰仁。見得都是生意。《朱子語類》卷六性理三仁義禮智等名義

仁既是生的象徵，那麼簡單的說，仁就是生了。所以周子在他的《通書‧順化篇》裡說：

生，仁也。

程子説：

　　醫書言手足痿痹為不仁，此言最善名狀。仁者以天地萬物為一體。《二程遺書》卷二上二先生語二上

陽明説：

　　仁是造化生生不息之理。《陽明全書》卷一傳習錄上答尚謙問

朱子説：

　　天地以生物為心者也。而人物之生，又各得夫天地之心以為心者也。故語心之德，雖其總攝貫通，無所不備，然一言以蔽之，則曰仁而已矣。……蓋仁之為道，乃天地生物之心。《朱子文集大全類編》第七冊雜著卷三仁説

以上是説仁就是生。

程子説：

學者須先識仁。……識得此理，以誠敬存之而已矣。《二程遺書》二上二先生語二上

朱子説：

聖人亦只教人求仁。蓋仁、義、禮、智四者，仁足以包之。《朱子語類》卷六性理三仁義禮智等名義

百行萬善，固是都合著力，然如何件件去理會得？百行萬善，總於五常，五常又總於仁，所以孔，孟只教人求仁。同上

朱子説：

此孔門之學，所以必以求仁為先。蓋此是萬理之原，萬事之本；且要先識認得，先存養得，方有下手立腳處耳。《朱子語類》卷六性理三仁義禮智等名義

以上是説人們應當求仁。

九、公：公是完成仁的工作，它的意義，是把生的範圍，由己及人的擴大到天地萬物中間去。換句話：就是不單求個人的生，還要求人物的生。周子説：

聖人之道至公而已矣。或曰：何謂也？曰：天地至公而已矣。《周子全書》卷二通書公第三十七

程子説：

仁者公也，人此者也。……孔子曰：己欲立而立人，己欲達而達人，能近取譬，可謂人之方也已。嘗謂孔子之語仁以教人者，唯此為盡，要之不出於公也。《二程遺書》卷九二先生語九

要想達到公的目的，有兩層工夫要應做到的。一是以天地萬物為一體。

張子説：

天體物而不遺，猶仁體事無不在也。禮儀三百，威儀三千，無一物而非仁也。昊天曰明，及爾出王，昊天曰旦，及爾游衍，無一物之不體也。《張子全書》卷二正蒙天道篇第三

程子説：

仁者以天地萬物為一體。莫非己也，認得為己，

何所不至；若不有諸己，自不與己相干。如手足不仁，氣已不貫，皆不屬己。故博施濟眾，乃聖人之功用。仁至難言，故止曰：「己欲立而立人，己欲達而達人，能近取譬，可謂仁之方也已。」欲令如是觀仁，可以得仁之體。《二程遺書》卷二上二先生語二上

陽明說：

大人者以天地萬物為一體者也。其視天下猶一家，中國猶一人焉。若夫間形骸而分爾我者，小人矣。大人之能以天地萬物為一體也，非意之也，其心之仁本若是，其與天地萬物而為一也。豈惟大人，雖小人之心，亦莫不然，彼顧自小之耳。是故見儒子之入井，而必有怵惕惻隱之心焉，是其仁之與儒子而為一體也。儒子猶同類者也，見鳥獸之哀鳴觳觫，而必有不忍之心焉，是其仁之與鳥獸而為一體者也。鳥獸猶有知覺者也。見草木之摧折，而必有憫恤之心焉，是其仁之與草木而為一體也。草木猶有生意者也。見瓦石之毀壞，而必有顧惜之心焉，是其仁之與瓦石而為一體也。《陽明全書》卷二十六大學問

二是去私。陽明說：

小人之心，既已分隔隘陋矣。而其一體之仁，猶
能不昧若此者，是其未動於慾，而未蔽於私之時也。
及其動於慾，而蔽於私，而利害相攻，忿怒相激，則
將戕物圮類，無所不為，其甚至有骨肉相殘者，而一
體之仁已矣，是故苟無私慾之蔽，則雖小人之心，
而其一體之仁猶大人也。一有私慾之蔽，則雖大人之
心，而其分隔隘陋猶小人矣。故夫為大人之學者，亦
惟去其私慾之蔽，以自明其明德，復其天地萬物一體
之本然而已耳。《陽明全書》卷二十六大學問

第三目　改過遷善及克己復禮

上目所說的，是積極的存養。這目所說的，是消極
的存養。所謂改過遷善，是說我們要在做錯了事以後，
極力改除以前的錯誤，另向善的方面去做，再不要蹈那
故轍。這是從表現於行為方面說的。克己復禮，是教人
抑制私慾而反到天理的節文，也就是洗盡私慾，恢復那
完全的我。這是從內心活動方面說的。這意義和去人慾
存天理一般。但前目所說的去人慾存天理，是積極的話，
怎樣叫做積極呢？就是說心雖沒有慾，也要時時做着去
慾存理的工夫。這目所說洗盡私慾恢復完全的我，是消

極的話。怎樣叫做消極呢？就是説如果我們心上起了私慾，就應該洗盡那私慾的念頭，恢復那沒有起念以前的我。一是事前的工夫，一是事後的工夫。所以要和改過遷善放在一塊説。本節既是消極的修養，所以敘述的時候，只將他們所説改過遷善克己復禮的話，概括説一説。其余從略。

仲由喜聞過，令名無窮焉！今人有過，不喜人規，如護疾而忌醫，寧滅其身而無悟也。噫！《周子全書》卷二通書過第二十六

孰無過？焉知其不能改？改則為君子矣。不改為惡，惡者天惡之！同上卷二通書愛敬第十五

君子終日乾乾不息於誠，然必懲忿窒慾，遷善改過而後至。乾之用，其善是。損益之大莫是過，聖人之旨深哉？同上，乾損益動第三十一

這是周子説改過遷善的話。

……至易而難，果而確，無難焉。故曰一日克己復禮，天下歸仁焉。同上，誠下第二

這是周子説克己復禮的話。這段話的意思，是説實

理是人所本有的，所以至易。但被人偽奪了實理，要克去那人偽——私慾——是很難的，所以行難，就是程子所說的克己最難的意思。但克己雖難，如果能夠果而確，就是一方面能夠明白實理是本有而堅守之，不讓它被人偽所奪，一方面遇到人偽來奪的時候，毅然決然去克服它，那就沒有甚麼難了，這就是克己復禮。

纖惡必除，善斯成性矣。察惡未除，雖善必粗矣。《張子全書》卷二正蒙誠明篇第六

這是張子所說的改過遷善的話。

人須一事事消了病，則義理常勝。

仁之難成久矣。人人失其所好，蓋人人有私慾之心，與學正相背馳，故學者要寡慾。以上二語見《近思錄》卷五引《張子語錄》

這是張子所說的克己復禮的話。

學問之道無他也。惟知其不善，則速改以從善而已。《伊川易傳》卷二上經復卦初九

凡夫之過多矣。能改之者，猶無過也。《二程粹

知過而能改，聞善而能有，克己以從義，其剛明者乎？同上

這是程子所說的改過遷善的話。

顏淵問克己復禮之目，夫子曰：「非禮勿視，非禮勿聽，非禮勿言，非禮勿動。」四者身之用也。由乎中而應乎外，制於外所以養其中也。顏淵請事斯語，所以進於聖人。後之學聖人者，宜服膺而勿失也。因箴以自警。視箴曰：心兮本虛，應物無跡，操之有要，視為之則。蔽交於前，其中則遷，制之於外，以安其內。克己復禮，久而誠矣。……《伊川文集》卷四四箴並序

克己復禮，則事事皆仁，故曰：天下歸仁。人之視最先，非禮而視，則所謂開目便錯了。次聽，次言，次動，有先後之序。人能克己，則心廣體胖，仰不愧，俯不怍，其樂可知；有息則餒矣。《二程外書》卷三陳氏本拾遺

這是程子所說的克己復禮的話。

苟欲聞過，但當一一容受，不當復計其虛實，則事無大小，人皆樂告而無隱情矣。若切切計較，必與辨爭，恐非告以有過則喜之意也。《朱子文集大全類編》第六冊問答卷十四答陳明仲八

所論平生大病最在輕弱。人患不自知耳。既自知得如此，便合痛下工夫，勇猛捨棄！不要思算前後，庶幾能矯革，所謂藥不瞑眩，厥疾不瘳者也。同上卷二十五答孫季和

然既知其病，即自訟而亟改之耳，何暇咕咕誦言，以咎既往之失，而求改過之名哉？今不亟改而徒言之，又自表其未有改之之實也，則是病中生病，名外取名，不但無益而已。同上卷三十二答杜仁仲六

所論已悉。但區區方持此戒，不欲輕破之，故不敢承命，亦為賢者慮之。恐只中甚自愧，便是病根，不若從痛自斬絕，毋以此等為愧，而深求可愧之實；不必更為月攘之計，以俟來年；庶乎於遷善改過有日新之功，而胸中之浩然者，無所不慊而日充矣。《朱子文集大全類編》第五冊書札卷十一答蔡季通

以上是朱子所說的改過遷善的話。

人有是身，則有耳、目、鼻、口、四肢之慾，

而或不能無害夫仁。人既不仁,則其所以滅天理而窮
人慾者,將益無所不至。此君子之學,所以汲汲於求
仁,而求仁之要,亦曰去其所以害仁者而已。蓋非禮
而視,人慾之害仁也;非禮而聽,人慾之害仁也;非
禮而言且動焉,人慾之害仁也。知人慾之所以害仁者
在是,於是乎有以拔其本,塞其源,克之克之,而又
克之,以至於一旦豁然,慾盡而理純,則其胸中之所
存者,豈不粹然天地生物之心,而藹然其若春陽之溫
哉?默而成之,固無一理之不具,而無一物之不該
也。感而通焉,則無事之不得於理,而無物之不被其
愛矣。嗚呼,此仁之為德,所以一言而可以盡性情之
妙,而其所以求之之要,則夫子之所以告顏淵者,亦
可謂一言而舉也與?《朱子文集大全類編》第八冊記卷三
克齋記

這是朱子所説的克己復禮的話。

　　或問先生之學,當來自何處入?曰:不過切己自
反,改過遷善。《象山全集》卷三十四語錄傅子雲錄

　　古人惟知過則改,見善則遷,今各自執已是,被
人點破,便愕然,所以不如古人!同上,卷三十五

這是象山所説的改過遷善的話。

　　吾與常人言，無不感動。與談學問者，或至為仇。舉世人大抵就私意建立做事，專以做得多者為先。吾卻欲反殄其私而會以理，此所以為仇。同上

這是象山所説的克己復禮的話。

　　夫過者自大賢所不免，然不害其卒為大賢者，為其能改也。故不貴於無過而貴於能改過。諸生自思平日亦有缺於廉恥忠信之行乎？亦有薄於孝友之道，陷於狡詐偷刻之習乎？諸生殆不至於此。不幸或有之，皆其不知而誤蹈，素無師友之講習規飭也。諸生試內省：萬一有近於是者，固亦不可以不痛自悔咎！然亦不當以此自歉，遂餒於改過從善之心。但能一旦脫然洗滌舊染，雖昔為寇盜，今日不害為君子矣。若曰：吾昔已如此，今雖改過而從善，將人不信我。且無贖於前過，反懷羞澀凝沮，而甘心於污濁終焉，則吾亦絕望爾矣。《陽明全書》卷二十六續編一教條示龍場諸生改過

上面是陽明所説的改過遷善的話。

故仁也者，禮之體也；義也者，禮之宜也；知也者，禮之通也。禮經三百，曲禮三千，無一而非仁也，無一而非性也。天敘天秩，聖人何心焉？蓋無一而非命也。故克己復禮則謂之仁。窮理則盡性以至於命，盡性則動容周旋中禮矣。同上，卷七文錄四序禮記纂言序

故君子之論學也，不曰矯而曰克。克以勝其私，私勝而理復，無過不及矣。同上，說矯亭說

以上是陽明所說的克己復禮的話。

第四目　出處進退辭受之義

所謂出處進退辭受之義，就是得官受爵或去職離位應有的修養。現在分條敘述於後。

一、尊德樂道：所謂尊德樂道，就是明明德而行其道的意思。這是出處進退辭受的目的。程子說：

賢者在下，豈可自進以求於君？苟自求之，必無能信用之理，古人之所以待人君致敬盡禮而後往者，非欲自為尊大，蓋其尊德樂道（《近思錄》引文多「之心」二字）不如是者，不足與有為也。《伊川易傳》

朱子説：

　　但願老兄勿出於先聖規矩準繩之外；而用力於四端之微，以求乎哀公之所樂。《朱子文集大全類編》第六冊問答卷七答陳同甫十二

象山説：

　　唐堯之際，道在皋陶。商周之際，道在箕子。天之生人，必有能尸明道之責者，皋陶、箕子是也，箕子所以佯狂不死者，正為欲傳其道。既為武王陳《洪範》，則居於夷狄，不食周粟。《象山全集》卷三十四語錄

　　君子遇窮困，則德益進，道益通。同上

陽明説：

　　高位以行道；而遽以媒利，是盜資也。於吾何有哉？《陽明全集》卷二十二外集四序送聞人邦允序

二、貴道義：既以尊德樂道為出處進退辭受的目的，那麼所貴重的自然是道義。道是甚麼？是由此可以登人民於衽席，致天下於太平的。

義是甚麼？是行事之合於情理的。周子說：

> 道義者，身有之，則貴且尊。《周子全書》卷二通書師友下第二十五
>
> 君子以道充為貴，身安為富，故常泰無不足。而銖視軒冕，塵視金玉，其重無加焉爾。同上，富貴第三十三

張子說：

> 今水臨萬仞之山，要下即下，無復凝滯。險在前惟知有義理而已，則復何迴避，所以心通。《張子全書》卷十二語錄抄
>
> 天下事大患，只是畏人非笑。不養車馬，食粗衣惡，居貧賤，皆恐人非笑。不知當生則生，當死則死。今日萬鍾，明日棄之。今日富貴，明日飢餓，亦不恤，惟義所在。《近思錄》卷七引《張子語錄》
>
> 天下之富貴假外者，皆有窮已，蓋人慾無饜，而外物有限。惟道義則無爵而貴，取之無窮也。《張子全

程子說：

　　君子修飾之道，正其所行。守節處義，其行不苟。義或不當，則捨車輿而寧徒行。眾人之所羞，而君子以為貴也。……守節義，君子之所貴也。是故君子所貴（《近思錄》誤作貴），世俗所羞；世俗所貴，君子所賤。《伊川易傳》卷二上經賁初九

江永在這句下面加以按語說：

　　世俗以勢位為榮，君子以道義為貴。故寧捨非道之車，而安於徒步。見《近思錄集註》卷七註

　　賢者惟知義而已。命在其中，中人以下，乃以命處義。如言求之有道，得之有命，是求無益於得。知命之不可求，故自處以不求。若賢者則求之以道，得之以義，不必言命。《二程遺書》卷二上二先生語二上

象山說：

　　銖銖而稱之，至石必謬；寸寸而度之，至丈必

差。石稱丈量，徑而寡矣。此可為論人之法。且如其人：大概論之，在於為國為民為道義，此則君子人矣。大概論之，在於為私已，為權勢，而非忠於國。徇於義者，則是小人矣。《象山全集》卷三十四語錄

或勸先生之荊門，為委曲行道之計。答云：仲虺言湯之德曰：「以義制事，以禮制心。」古人通體，純是道義。後世賢者處心處事，亦非盡無禮義，特其心先主乎利害，而以禮義行之耳。後世所以大異於古人者，正在於此。古人理會利害，便是禮義。後世理會禮義，卻只是利害。同上

義也者，人之所固有也。……自聲色貨利至於名位祿秩，苟有可致者，莫不營營而圖之，汲汲而取之，夫如是求其喻於義得乎？君子則不然：彼常人之志，一毫不入於其心。念慮之所存，講切之所及，唯其義而已矣。夫如是則亦安得而不喻乎此哉？同上卷三十二拾遺君子喻於義

朱子說：

就其不遇，獨善其身，以明大義於天下，使天下之學者，皆知吾道之正而守之，以待上之使令，是乃所以報不報之恩者，亦豈必進為而撫世哉？《朱子文集

某之意，以為政煩民困，正有官君子盡心竭力之時；若人人內顧其私，各為自逸之計，則分義廢矣。
同上，答詹元善

三、去利慾：
張子說：

世祿之榮，王者所以錄有功，尊有德，愛之厚之，示恩遇之不窮也。為人後者，所宜樂職勸功，以服勤事任；長廉遠利，以似述世風。而近代公卿子孫，方且下比布衣，工聲病，售有司，不如求仕非義，而反羞循理為無能；不知陰襲為榮，而反以虛名為善繼；誠何心哉？《近思錄》卷七引《張子文集》文，但與《文集》原文稍異

人多言安於貧賤，其實只是計窮力屈，才短不能營劃耳。若稍動得，恐未肯安之。須是誠知義理之榮於利慾也，乃能。《近思錄》卷上引《張子語錄》文

程子說：

問文中子謂諸葛亮無死，禮樂其有興乎！諸葛

亮可以當此否？先生曰：禮樂則未敢望他，只諸葛已近王佐。又問如取劉璋事如何？先生曰：只是這一事大不是。便是計較利害，當時只為不得此，則無以為資；然豈有人特地出迎他？卻於坐上執之。大段害事，只是個為利。君子則不然，只一個義。不可便休，豈可苟為？《二程遺書》卷十九伊川先生語五

　　孟子辨舜、跖之分，只在義利之間。言間者相去不甚遠，所爭毫末爾。義與利只是個公與私也。才出義，便以利言也。只那計較，便是為有利害；若無利害，何用計較，利害者天下之常情也。人皆知趨利而避害，聖人則更不論利害，惟看義當為不為，便是命在其中矣。《二程遺書》卷十七伊川先生語三

　　趙景平問子罕言利與命與仁，所謂利者何利？曰：不獨財利之利，凡有利心便不可。如作一事，須尋自家穩便處，皆利心也。聖人以義為利，義安處便為利。如釋氏之學，皆本於利，故便不是。同上，十六伊川先生語二

朱子說：

　　孟子說未有仁而遺其親，未有義而後其君，便是仁義未嘗不利；然董生卻說正其義不謀其利，明其

道不計其功，又是仁義未必皆利；則目不免去彼而取此。蓋孟子之言，雖是理之自然，然到直截剖判處，卻不若董生之有力也。《朱子文集大全類編》第七冊問答卷二十四答劉季章十六

將古今聖賢之言，剖析義利處，反覆熟讀，時時思省義理何自而來，利慾何從而有，二者於人，孰親孰疏，孰輕孰重，必不得已，孰取孰捨，孰緩孰急。初看時似無滋味，久之須自得合剖判處，則自然放得下矣。同上卷，答時子雲

象山說：

若果有志，且須分別勢利道義兩途。《象山全集》卷三十五語錄

……然僕處足下之館幾半載，而不能回足下眷眷聲利之心，此誠僕淺陋之罪。曾子曰：「視其庭可以搏鼠，烏能與我歌乎？」仲尼、顏子之所樂，宗廟之美，百官之富，金革百萬之眾在其中，豈可以二用其心，而期與富貴利達兼得之者哉？《記》曰「富潤室，德潤身」。孟子曰：「趙孟之所貴，趙孟能賤之。」又曰：「仁義忠信，樂善不倦。」此天爵也。公卿大夫，此人爵也。孟子之時，求人爵者，尚必修其

天爵，後世之求人爵，蓋無所事於天爵矣。捨此而從事於彼，何啻養一指而失其肩背？《象山全集》卷三與童伯虞書

陽明說：

　　志於道德者，功名不足以累其心；志於功名者，富貴不足累其心。但近世所謂道德，功名而已；所謂功名，富貴而已。仁人者正其誼，不謀其利，明其道，不計其功。一有謀計之心，則雖正誼明道，亦功利耳。諸友既索居，曰仁又將遠別，會中須時相警發，庶不就弛靡。誠甫之足，自當一日千里，任重道遠，吾非誠甫誰望邪？臨別數語，彼此暗然，終能不忘，乃為深愛。《陽明全書》卷四文錄一與黃誠甫書癸酉

　　陽明反對求利的話，除這點以外，還有更徹底明白的，那就是他的《拔本塞源論》。見《傳習錄》中《答顧東橋書》。這裡為篇幅有限，故未引述。

　　四、受命：所謂受命，就是說出進退辭受，應聽天命，不可強勉。這是理學家主張定命論的證據。

　　張子說：

「富而可求也，雖執鞭之士，吾亦為之。」不憚卑以求富，求之有可致之道也。然得乃有命，是求無益於得也。《張子全書》卷三正蒙三十篇第十三

命於人無不正。繫其順與不順而已。行險以僥倖，不順命也。同上，卷二正蒙誠明篇第六

程子說：

問家貧親老，應舉求仕，不免有得失之累，何修可以免此？曰：此是志不勝氣，若志勝，自無此累。家貧親老，須用祿仕，然得之不得，為有命。曰：在己固可，為親奈何？曰：「為己為親，也只是一事。若不得 其如命何！孔子曰：'不知命，無以為君子。'人苟不知命，見患難必避，遇得喪必動，見利必趨，其何以為君子？」《二程遺書》卷十八伊川先生語四

朱子說：

富貴榮顯，固非貪慕所得致；而貧賤患禍，固非巧力所可辭也。直道而行，致命遂志，一變末俗，復古人忠厚廉恥之餘風，則或徐君之助也。《朱子文集大全類編》第八冊序卷一贈徐端叔命序

象山説：

「道之將行也與，命也！道之將廢也與，命也！公伯寮其如命何！」「吾之不遇魯侯，天也。臧氏之子，焉能使予不遇哉？」聖賢之知命如此。今之知命者，幸其知貧賤富貴之有定數也。而無為小人以害其心，斯可矣。《象山全集》卷二十贈丁潤文

陽明説：

事天雖與天為二，然已真知天命之所在，但惟恭敬奉承之而已耳。《陽明全書》卷二傳習錄中答顧東橋書

五、守正：所謂守正，就是出處進退辭受應以正為主。程子説：

寒士之妻，弱國之臣，各安其正而已。苟擇勢而從，則惡之大者，不容於世矣。《伊川易傳》卷四下經困九四

大凡儒者，未敢望深造於道，且只得所存正，分別善惡，識廉恥，如此等人多，亦須漸好。《近思錄》卷七引程子語

周子説：

聖人之道，中正仁義而已矣。《周子全書》卷二通書道第六

情偽微曖，其變千狀，苟非中正明達果斷者，不能治也。同上，刑第三十六

張子說：

中正然後貫天下之道，此君子之所以大居正也。蓋得正則得所止，得所止則可以弘而致於大。《張子全書》卷二正蒙中正篇第八

朱子說：

大凡論學，當先辨其所趨向之邪正，然後可察其所用之能否。苟正矣，雖其人或不能用，然不害其道之為可用也。如其不正，則雖有管仲、晏子之功，亦何足以稱於聖賢之門哉？《朱子文集大全類編》第七冊問答卷十七答呂道一第一

象山說：

天之所以予我者，至大至剛，至直至平。至公如此，私小做甚底？人須是放教此心，公平正直：無偏無黨，王道蕩蕩。無黨無偏，王道平平。無反無側，王道正直。《象山全集》卷三十五語錄

陽明說：

格者正也，正其不正，以歸於正也。《陽明全書》卷一傳習錄上

六、權變：所謂權變，是說出處進退辭受，應該察看時勢，不可執一不變，換句話：就是要通權達變因時制宜，或者見機而作。但這並不是教人投機和逢迎，而是教人可以仕則仕，可以止則止。不要委曲求全，或失節的。

周子說：

慎哉，其惟時中乎！《周子全書》卷二通書蒙艮第四十

張子說：

變則化，由粗入精也。化而裁之謂之變，以著顯微也。

神不可致思，存焉可也。化不可助長，順焉可也。存虛明，久至德，順變化，達時中，仁之至，義之盡也。知微知彰，不捨而繼其善，然後可以成人性矣。

唯神為能變化，以其一天下之動也。人能知變化之道，其必知神之為也。見易則神其幾矣。**以上均《張子全書》卷二正蒙神化篇第四**

庸言庸行，蓋天下經德達道：大人之德施於是者溥矣；天下之文明於是者著矣。然非窮變化之神，以時措之宜，則或陷於非禮之禮，非義之義也。此顏子所以求龍德正中，乾乾進德，思處其極，未敢以方體之常，安吾止也。惟君子為能與時消息，順性命躬天德，而誠行之也。精義時措，故能保合太和，健利且貞。孟子所謂始終條理，集大成為聖智者與。《易》曰：大明終始，六位時成，時乘六龍以御天，乾道變化，各正性命，保合大和，乃利貞，其此之謂乎？**同上，卷三大易篇第十四**

聖之時，當其可之謂時，取時中也。可以行，可以止，此出處之時也。至於言語動作，皆有時也。**同上，卷十二語錄抄**

程子説：

惟善變通，便是聖人。《二程遺書》卷六二先生語六

世之學者，未嘗知權之義。於理所不可，則曰姑從權，是以權為變詐之術而已矣。夫臨事之際，稱輕重而處之，以合於義，是之謂權，豈拂經之道哉？

仕止久速惟其可，不執於一。故曰：君子而時中也。以上均《二程粹言》卷一論道篇

或問何謂時中？子曰：猶之過門不入，在禹、稷之世為中也，時而居陋巷，則過門不入非中矣。居於陋巷，在顏子之時為中也，時而當過門不入，則居於陋巷非中也。蓋以事言之，有時而中，以道言之，何時而不中也？同上

中無定體，惟達權然後能執之。同上

朱子説：

夫聖賢固不能自為時，然其仕久止速，皆當其可。則其所以自為時者，亦他非人之所能詰矣。豈以時之不合，而變吾所守以徇之哉？《朱子文集大全類編》第七冊問答卷七答陳同甫十三

象山說：

> 故君子以理制事，以理觀象。故曰：變動不居，周流六虛，上下無常，剛柔相易，不可為典要，唯變所適。《象山全集》卷三十四語錄

陽明說：

> 問孟子言執中無權猶執一。先生曰：中只是天理，只是易，隨時變易，如何執得？須是因時制宜，難預先定一個規矩在。如後世儒者，要將道理一一說得無罅漏，立定個格式，此正是執一。《陽明全書》卷一傳習錄上答于嘉秀

第五目　改過及人心疵病

這目所討論的，是關於心理狀態活動的研究及其涵養的方法。《中庸》裡所說的「喜怒哀樂之未發謂之中，發而皆中節謂之和」就是這個問題的核心。喜怒哀樂等就是情。情是心理的一部分。

怎樣叫做中呢？中就是情的本體。情的自身，是一

種動的東西。既是動的，自然是有所從來的，就是有它發源的地方，那發源的地方，就是情的本體，這本體是甚麼？是性。所以情就是性的活動東西。因為這種本體——性的狀態是無所偏倚的，所以叫做中。「和」呢，是情的本身的一種特質，也就是它的一種最高的德。因為情發動的時候，照理想去說，都是合理，沒有甚麼乖戾的。所以能表現出一種最高的德——和——的特質。

　　以上是《中庸》所說中和的意思。《中庸》裡不單說明了這中和的意思，而且更進一層，說明這種中和的價值。《中庸》說：

中也者天下之大本也。和也者天下之達道也。

　　怎樣叫做大本呢？就是天命的性；天下的理，皆由這性表現出來的。怎樣叫做達道呢？就是天下古今所必共由的道理。從這兩點去觀察，可以知道中和價值的偉大。既是這樣的偉大，所以《中庸》以及理學，都儘量發揮中和的意義，倡著運用中和的道。但本目範圍很小，有許多無關係的話，一概省略不敘。現在分條敘述涵養這種情的活動以及補救這種情的流弊。

　　為甚麼要涵養這種情呢？因為它本來是發而莫不中節，本來是和的。但理論是這樣，事實往往不然，為甚

麼呢？因為人們往往被物慾所誘惑，或掩蔽，因此這情發動的時候，不能依照原來的標準。朱子曾說過：

> 喜怒哀樂未發，是則所謂中也。發而莫不中節，是則所謂和也。然人為物誘而不能自定，則大本有所不立；發而或不中節，則達道有所不行。大本不立，達道不行，則雖天理流行，未嘗間斷，而其在我者或幾乎息矣。《朱子語類》卷五性情心意等名義

因為這層關係，所以要加一番涵養的工夫，叫外物不能從中搗亂。這種涵養的工夫，在《中庸》裡所說的就是：

> 戒慎乎其所不睹，恐懼乎其所不聞。

這就是叫情常常保持一種平靜狀態。至於理學家呢？他們也是和《中庸》一般的主張；但他們有些不同的地方，就是各個人建立了許多詳細節目。這話我們可以在陽明的話說中間看明白。

> 問「伊川謂不當於喜怒哀樂未發之前求中，延平卻教學者看未發之前氣象。何如」？先生曰：「皆是

也。」伊川恐人於未發前討個中，把中做一物看，如吾向所謂認氣定時做中，故令只於涵養省察上用功。延平恐人未便有下手處，故令人時時刻刻求未發前氣象，使人正目而視惟此，傾耳而聽惟此：即是戒慎不睹，恐懼不聞的工夫，皆古人不得已誘人之言也。《陽明全書》卷一傳習錄上答澄問

除此以外，還有幾點，就是立誠去人慾存天理以及敬義夾持等。關於這些話，已在前面引述過，現在再引述一二，以資證明。陽明說：

在一時一事，固亦可謂之中和，然未可謂之大本達道，人性皆善，中和是人人原有的，豈可謂無？但常人之心既有所昏蔽，則其本體雖亦時時發見，終是暫明暫滅，非其全體大用矣。無所不中，然後謂之大本，無所不和，然後謂之達道，惟天下之至誠，然後能立天下之大本。同上

這是說立誠的工夫。

汝若於貨色利名等心，一切皆如不做劫盜之心一般，都消滅了，光光只是心之本體，看有甚閒思慮？

此便是寂然不動，便是未發之中，便是廓然大公：自然感而遂通，自然發而中節，自然物來順應。同上

中只是天理。……去得人慾，便識得天理。……須是平日好色好利好名等項一應私心，掃除蕩滌，無復纖毫留滯，而此心全體廓然，純是天理，方可謂之喜怒哀樂未發之中，方是天下之大本。同上

這是說去人慾存天理的工夫。朱子說：

惟君子知道之不可須臾離者，其體用在是，則必有以致之以極其至焉。蓋敬以直內，而喜怒哀樂無所偏倚，所以致夫中也。義以方外，而喜怒哀樂各得其正，所以致夫和也。敬義夾持，涵養省察，無所不用其戒謹恐懼，是以當其未發而品節已具，隨所發用，而本體卓然，以至寂然感通無少間斷，則中和在我，天人無間，而天地之所以位，萬物之所以育，其不外是矣。《朱子文集大全類編》第七冊雜著卷三中庸首章說

這是敬義夾持的工夫。

以上是關於涵養的話，現在來敘述補救的方法。為甚麼補救呢？因為人們的心理活動，往往有一種錯誤的現象，既有錯誤，自然不能不圖謀補救。補救的方法，

又怎樣呢？簡單的說，就是要明理，為甚麼要明理呢？因為人們所以有錯誤的心理活動，就是對於事理不明白。譬如懼，也是一種心理活動。但是一個人為甚麼會懼呢？——例如鄉人見磷火為甚麼生懼呢？因為他們沒有明白磷火發生的道理。如果能明白道理，那就不會害怕了。所以理學家對於一種病態的心理，都用明理的方法去醫治它。現在引證如下：程子說：

> 有恐懼心，亦是燭理不明。《二程遺書》卷三二先生語三

這話可以證明病態的心理，或者錯誤的心理的發生，是由於沒有明白事理的話。

> 今日雜信鬼怪異說者，只是不先燭理，若於事上一一理會，則有甚盡期，須只於學上理會。同上，卷二下二先生語二下
>
> 嘗問好談鬼神者，皆未曾聞見，皆是見說，燭理不明，便傳以為信也。假使實所聞見，亦未足信，或是心病，或是目病。同上
>
> 明理可以治懼。《二程遺書》卷一二先生語一
>
> 目畏尖物，此事不得放過，便與克下，室中率

置尖物，須以理勝佗，尖必不刺人也，何畏之有。同上，卷二下二先生語二下

陽明說：

　　紛雜思慮，亦強禁絕不得，只就思慮萌動處省察克治，到天理精明後，有個物各付物的意思，自然靜專，無紛雜之念。《陽明全書》卷二十六續編一與滁陽諸生並問答語
　　故燭理明則私慾不能蔽累，私慾不能蔽累，則自無不宏毅矣。同上，卷四文錄一書答王虎谷辛未

　　這種拿明理治人心疵病的方法，和現代心理學的精神分析法差不多，所以很值得我們注意的！

第四綱

論政治

第一目　總　論

　　這綱所討論的，是理學的政治哲學，包括治國平天下之道及其方法（制度），齊家之道，處事之方等目。現在分目敘述於後。

第二目　治國平天下之道

　　所謂治國平天下之道，這個「道」是指甚麼？是指一種無形的法則說，和那有形的制度，是兩樣的。但彼此雖然是兩樣東西，卻有密切關係的。甚麼關係呢？就是道乃法（制度）的體，法乃道的用。換句話：

　　道是立法的原則，法是行道的徵象，法從道生，道從法彰。所以凡是政治都分有兩方面：一方面是政治的道，一方面是政治的法。政治的道——原則——是甚麼？是治身齊家以至平天下。政治的法是甚麼？是建立治綱，分正百職，順時揆事，創立制度。所以程子說：

　　　　聖人治天下之道，唯此二端而已。治身齊家以至平天下者，治之道也。建立治綱，分正百職，順天時以制事，至於創制立度，盡天下之事者，治之法也。
　　《伊川經說》卷二堯典說

但治之道又分兩點：一是「本」，一是「則」，周子説：

> 治天下有本，身之謂也。治天下有則，家之謂
> 也。《周子全書》卷二通書家人睽復無妄第三十二

　　現在先説本。這個本字，是甚麼意思呢？照理講，
自然是一種基礎，但是我們把它擴大來説，也可以説是
理學的政治哲學的根本思想。這種根本思想，到底是怎
樣的呢？是以倫理為基礎，由個人的修養推行到治國平
天下的。換句話：是拿個人的良善修養，當做治國平天
下的手段，而拿治國平天下，當做個人良善修養的目的。
所以周子説身是治天下的本。這個理由，除了周子的話
可以證明，還有程子、朱子的話，也可以證明。程子説：

> 得天理之正，極人倫之至者，堯、舜之道也。《明
> 道文集》卷二奏疏表論王霸之辨

　　這是程子説堯、舜的治天下之道，是完全建築在倫
理上的。朱子説：

> 治國平天下，與誠意正心修身齊家，只是一理。
> 所謂格物致知，亦曰知此而已矣，此《大學》一書

之本旨也。今必以治國平天下，為君相之事，而學者無與焉，則內外之道，異本殊歸，與經之本旨，正相南北矣。禹、稷，顏回同道，豈必在位乃為政哉？（一本作邪）《朱子文集大全類編》第六冊問答卷十五答江德功第二書

這是朱子把修身與行政看做一回事的話。從這裡去研究，我們不單明了理學的政治哲學，是拿修養做手段，修養和行政是一回事，還可以一方面明了政治與人生的關係，是在造就人格的，一方面知道學者責任的重大，和政治的密切。

但這種思想，並不是理學家新創的，不過理學家加以發揮罷了。為甚麼不是新創的呢？因為這種思想，在《大學》裡已顯明的表現出來了。《大學》裡說：

大學之道，在明明德，在親民，在止於至善。……古之欲明明德於天下者，先治其國；欲治其國者，先齊其家；欲齊其家者，先修其身；欲修其身者，先正其心；欲正其心者，先誠其意；欲誠其意者，先致其知，致知在格物；格物而後知至，知至而後意誠，意誠而後心正，心正而後身修，身修而後家齊，家齊而後國治，國治而後天下平。自天子以至於庶

人，壹是皆以修身為本。其本亂而末治者，否矣。其所厚者薄，而其所薄者厚，未之有也。

這段話就是拿修身為本，治國平天下為末的。所以要治天下必需先講修身，能夠實地修身，那就是做了治國平天下的第一步工作。所以一個人能從格物致知，把誠意正心修身充實，到至極的地步，那就能使治國平天下的功放，達到最高限度。所以朱子說：

> 如孟子說仁義處，只就仁義上說道理。孔子答顏淵以克己復禮，只就克己復禮上說道理。若《大學》卻只統說。論其功用之極，至於平天下；然天下所以平，卻先須治國；國之所以治，卻先須齊家；家之所以齊，卻先須修身；身之所以修，卻先須正心；心之所以正，卻先須誠意；意之所以誠，卻先須致知；知之所以至，卻先須格物：本領全只在這兩字上。又須知如何是格物。許多道理，自家從來合有不合有。定是合有，定是人人都有。人之心，便具許多道理：見之於身，便是身上有許多道理；行之於家，便是一家之中，有許多道理；施之於國，便是一國之中，有許多道理；施之於天下，便是天下有許多道理。見《朱子全書》卷七大學一引《朱子語

類》語

《大學》首倡這種思想以後，理學家競相附和，所以他們的話，不能脫離這個範圍。現在引他們的話，比較如下：

程子説：

> 君仁莫不仁，君義莫不義。天下之治亂，係（《近思錄》作繫）乎人君仁不仁耳。雖是而非，則生於其心，必害於其政。豈待乎作之於外哉？昔者孟子三見齊王而不言事，門人疑之。孟子曰：我先攻其邪心。心既正，然後天下之事，可從而理也。大政事之失，用人之非，知者能更之，賢者能諫之；然非心存焉，則一事之失，救而正之，後之失者，將不勝救矣。格其非心，使無不正，非大人其孰能之？《二程外書》卷六

> 《大學》曰：「物有本末，事有終始，知所先後，則近道矣。」人之學，莫大於知本末終始，致知在格物，則所謂本也，始也。治國平天下，則所謂末也，終也。治天下國家必本諸身，其身不正，而能治天下國家者無之。《二程遺書》卷二十五伊川語錄十一

張子説：

　　為政必身倡之，且不愛其勞，而又益之以不倦。
《張子全書》卷二正蒙有司篇第十三

　　帝王之道不必改途而成，學與政不殊心而得矣。
《張子全書》卷十三文集答范巽之書第一

朱子説：

　　多是要求濟事，而不知自身已不立，事決不能
成。人自心若一毫私意未盡，皆足以敗事。如上有一
點黑，下便有一撲黑，上有一毫差，下便有尋丈差。
《朱子語類》卷十三學七力行

象山説：

　　若夫朝謀夕訪，求所以治乎人，而不知反求諸其
身，安知夫大人正己而物正。而二（指乾卦九二之君
德在庸言之信庸行之謹）之善世者，特在乎言行之間
而已也。

　　大矣哉！德之見於天下也，推吾所有兼善天下，
此固人之所甚欲。然有諸己而後求諸人，無諸己而後

非諸人，所藏乎身不恕，而能喻諸人者，未之有也。故君子正身以正四方，修己以安百姓，且日麗（光明也）必照物，雲油（油然，雲盛貌）必雨苗，和順積中，英華發外，極吾之善，斯足以善天下矣。以上均《象山全集》卷二十九程文庸言之信……篇

陽明說：

自格物致知至平天下，只是一個明明德，雖親民亦明德事也。明德是此心之德，即是仁。仁者以天地萬物為一體，使有一物失所，便是吾仁有未盡處。只說明明德而不說親民，便似老佛。《陽明全集》卷一傳習錄上答尚謙問

理學家既認修身與治國是一回事，修身就是治國的基礎，於是他們所說的如何治國平天下的話，都是誠心或誠意正心的話。周子說：

本必端，端本誠心而已矣。《周子全書》卷二通書家人睽復無妄第三十二

身端，心誠之謂也。誠心復其不善之動而已矣。同上

程子説：

> 故誠心而王則王矣。……惟陛下稽先聖之言，察
> 人事之理，知堯、舜之道備於己，反身而誠之，推之
> 以及四海……則萬世幸甚！《明道文集》卷二奏疏表論王
> 霸之辨

> 所謂立志者，至誠一心，以道自任，以聖人之訓
> 為可必信，先王之治為可必行，不狃於近規，不遷惑
> 於眾口，必期致天下如三代之世，此之謂也。夫以一
> 夫之身，立志不篤，則不能自修，況天下之大，非體
> 乾剛健，其能治乎？《伊川文集》卷一奏疏為太中上皇帝
> 應詔書

> 人君比天下之道，當顯明其比道而已。如誠意
> 以待物，恕己以及人，發政施仁，使天下蒙其惠澤，
> 是人君親以比天下之道也。……非惟人君比天下之道
> 如此，大率人之相比莫不然，以臣於君言之，竭其忠
> 誠，致其才力，乃顯其比君之道也，用之與否在君而
> 已，不可阿諛逢迎，求其比己也。在朋友亦然，修身
> 誠意以待之，親己與否在人而已，不可巧言令色曲從
> 苟合，以求人之比也。……《伊川易傳》卷一上經上比卦
> 九五傳

張子説：

方且創艾其弊，默養吾誠；顧所患日夕不足，而未果他為也。《張子全書》卷十四拾遺

朱子説：

……然熹之私計，愚竊不勝十寒眾楚之憂，不審高明何以處之？計此亦無他術，但積吾誠意於平日，使無食息之間斷，則庶乎其可耳。《朱子文集類編》第五冊書札卷二答張敬夫四

象山説：

庸言之信，庸行之謹，閑邪存其誠，善世而不伐，德博而化，此所以為君德歟？

安知夫明明德於天下者，蓋本於正心誠意，而二之德博者，由乎其誠之存也。至矣哉，誠之在天下也。以上《象山全集》卷二十九程文庸言之信…

陽明説：

後世大患，全是士大夫以虛文相詫，略不知有誠
心實意，流積成風，雖有忠信之質，亦且迷溺其間，
不自知覺。……今欲救之，惟有返樸還淳，是對症之
劑。《陽明全書》卷六文錄三書寄鄒謙之第三書

以上是理學家主張誠心或誠意的話。誠意和誠心，
有甚麼分別呢？沒有甚麼分別的。誠心即可誠身，是《中
庸》的工夫。誠意是《大學》的工夫。陽明說：

大抵《中庸》工夫只是誠身，誠身之極，便是
至誠。《大學》工夫，只是誠意，誠意之極，便是
至善：工夫總是一般。《陽明全書》卷一傳習錄上答希
淵問

程子說：

治道亦有從本而言，亦有從事而言。從本而言，
惟從格君心之非，正心以正朝廷，正朝廷以正百官。
《二程遺書》卷十五伊川先生語一

張子說：

孟子曰：「人不足與適也，政不足與間也，唯大人為能格君心之非。」非惟君心，至於朋游學者之際，彼雖議論異同，未欲深較。惟整理其心，使歸之正，豈小補哉？《張子全書》卷十二語錄抄

朱子說：

明公若察其願忠之意，而寬其忌分之誅，則願深考聖賢所傳之正，非孔子、子思、孟、程之書，不列於前，晨夜覽觀，窮其指趣，而反諸身以求天理之所在，既以自正其心，推之以正君心，又推而見於言語政事之間，以正天下之心，則明公之功名德業，且將與二代工佐比隆。《朱子文集大全類編》第五冊書札卷與汪尚書書一

往者猶意明公來歸，必將有以上正君心，下起頹俗，庶幾或可效其尺寸以佐下風，是以未敢決然遂為自屏之計。同上，答汪尚書

此古之欲平天下者，所以汲汲於正心誠意，以立其大本也。同上，卷一答張敬夫書三

象山說：

為善為公，心之正也。……吾邑街道不治久矣，行者疾之！乃有肯出心力，捐貨財，辛勤而為之者，此真為善為公，而出於其心之正者也。……履是街者皆唐、虞、成周之人也，諸君勉之！《象山全集》卷二十贈金溪溺街者

某與人理會事，便是格君心之非事。同上，卷三十五語錄包揚錄

以上是理學家主張正心的話。

現在再來說「則」。「則」就是法則或原則，但和制度不同。第一種則，就是「先立志」。程子說：

今言當世之務者，必曰所先者寬賦役也，……臣以為所尤先者有三焉，請為陛下陳之：一曰立志、二曰責任、三曰求賢。今雖納嘉謀，陳善算，非君志先立，其能聽而用之乎？君欲用之，非責任宰輔，其孰承而行之乎？君相協心，非賢者任職，其能施於天下乎？三者本也，制於事者用也。有其本，不患無其用，三者之中，復以立志為本。君志立而天下治矣。《伊川文集》卷一奏疏為太中上皇帝應詔書

故治天下者，必先立其志。正志先立，則邪說不能移，異端不能惑，故力進於道而莫之禦也。《明道文

集》卷二奏疏表論王霸之辨（一作王霸札子）

象山說：

　　人惟患無志。有志無有不成者。《象山全集》卷
三十五語錄李伯敏錄

陽明說：

　　承示既飽不必問其所食之物，此語誠有病，已
不能記當時所指，恐亦為世之專務辨論飽說而不求深
造自得者說，故其語意之間，不無抑揚太過，雖然，
句誠知求飽，將必丑穀是貴。鄙意所重，蓋以責夫不
能誠心求飽者，故遂不覺其言之過激，亦猶養之未至
也。凡言意所不能達，多假於譬喻，以意逆志，是為
得之。若必拘文泥象，則雖聖人之言，且亦不能無
病，況於吾儕，學未有至，詞意間本已不能無弊者，
何足異乎？今時學者大患，不能立懇切之志，故鄙意
專以責志立誠為重，同志者亦觀其大意之所在斯可
矣。《陽明全書》卷二十七續編二與顧惟賢書

　　第二種則就是「止」。所謂止，就是止於至善的意

思。和孔子在《論語》裡所說的正名的意思相像。正名是叫事物各得一個適當的名分，既不會太過，又不會不及，生出一種名不符實的弊病。止於至善，也是要事物各安其位，沒有太過與不及。所以程子說：

> 孔子為政先正名，名實相須故也。一事苟，則無不苟者矣。《二程粹言》卷一論政篇

現在引述一些他們主張止的話。程子說：

> 夫有物必有則：父止於慈，子止於孝，君止於仁，臣止於敬。萬物庶事，莫不各有其所。得其所則安，失其所則悖。聖人所以能使天下順治，非能為物作則也，惟止之各於其所而已。《伊川易傳》卷四下經下艮象辭

張子說：

> 「時止則止，時行則行，動靜不失其時，其道光明。」學者必時其動靜，則其道乃不蔽昧而明白。《張子全書》卷十易說艮卦說
>
> 位，所安之分也。如「素夷狄行乎夷狄，素患難

行乎患難」。同上，艮象説

象山説：

「綿蠻黃鳥，止於丘隅，於止知其所止，可以人
而不如鳥乎？知止而後有定，定而後能靜，靜而後
能安，安而後能慮，慮而後能得。」學不知止，而謂
其能慮能得，吾不信也。人不自知其為私意私説，而
反致疑於知學之士者，亦其勢然也。人誠知止，即有
定論，靜、安、慮、得，乃必然之勢，非可強致之
也。……《書》曰：「欽厥止」，不知所止，豈能欽
厥止哉？又曰：「安汝止」，不欽厥止，豈能安汝止
哉？《象山全書》卷　與鄭文範書

陽明説：

固有欲明其明德者矣，然惟不知止於至善，而
騖其私心於過高，是以失之虛罔空寂，而無有乎家國
天下之施，則二氏之流是矣。固有欲親其民者矣，然
惟不知止於至善，而溺其私心於卑瑣，是以失之權謀
智術，而無有乎仁愛惻怛之誠，則五伯功利之徒，是
矣。是皆不知止於至善之過也。故止至善之於明德親

民也，猶之規矩之於方圓也，尺度之於長短也，權衡之於輕重也。故方圓而不止於規矩，爽其則矣。長短而不止於尺度，乖其劑矣。輕重而不止於權衡，失其準矣。明明德親民而不止於至善，亡其本矣。故止於至善以親民而明其明德，是之謂大人之學。《陽明全書》卷二十六大學問

朱子說：

　　燔謂：「知止則志不惑亂而有定嚮，志定則此心無擾而靜，心靜則此身無適而不安。心靜身安，則用自利，事物之來，不特能即事見理，又能先事為防，如後甲三日，後庚三日之云，其於事之終始先後，已至未然，皆無遺鑒，皆無失舉矣，如是而後得其所止，則可以謂之誠有是善，而誠極是矣。」曰：「此段得之。」《朱子文集大全類編》第六七冊問答卷三十三答李子敬燔書

　　第三種則就是「足民」。所謂足民，就是使人民生活充裕，多為善去惡的機會。這種思想，是儒家一貫的思想。孔子雖然主張「自古皆有死，民無信不立」，有先鍛煉人格而後解決生活的意見；但是從方法上講，他也是

主張「富而教之」的，至於孟、荀等子，更不消説，是主張先物質的安定，而後精神的鍛煉的。理學家的思想，雖不一定完全是儒家的思想，但他們是處處以奉承孔、孟為號召的，所以關於孔、孟這種重要的主張，自然要承受而加以提倡的。現在引他們的話，以資證明。

張子説：

> 子之不欲，雖賞之不竊，慾生於不足，則民盜；能使無慾，則民不為盜。假設以子不欲之物賞子，使竊其所不欲，子必不竊，故為政者，在乎足民，使民無所不足，不見可欲，而盜必息矣。《張子全書》卷三正蒙有司篇第十三

程子説：

> 君子發（《近思錄》作法）豬豕之義，知天下之惡，不可以力制也。則察其機，持其要，塞絕其本原，故不假刑罰嚴峻，而惡自止也。且如止盜，民有慾心，見利則動；苟不知教而迫於飢寒，雖刑殺日施，其能勝億兆利慾之心乎？聖人則知所以止之之道：不尚威刑，而修政教，使之有農桑之業，知廉恥之道，雖賞之不竊矣。《伊川易傳》卷二大畜六五

養民者以愛其力為本。民力足，則生養遂，然後教化可行，風俗可美，是故善為政者，必重民力。《二程粹言》卷一論政篇

象山説：

又況天生民而立之君，使司牧之，故君者所以為民也。《書》曰：「德惟善政，政在養民，行仁政者，所以養民，君不行仁政，而反為之聚斂以富之，是助君虐民也。宜為君子之所棄絕！」《象山全集》卷二十二雜著雜説

陽明説：

夫聖人之心，以天地萬物為一體。其視天下之人，無外內遠近，凡有血氣，皆其昆弟赤子之親，莫不欲安全而教養之，以遂其萬物一體之念。《陽明全書》卷二傳習錄中答顧東橋書

朱子説：

孟子論王道以制民產為先。今井地之制，未能

遽講，而財利之柄，制於聚斂掊克之臣；朝廷不恤諸道之虛實，監司不恤州縣之有無，而為州縣者，又不復知民間之苦樂；蓋不惟學道不明，仕者無愛民之心，亦緣上下相逼，只求事辦，雖或有此心而亦不能施也。此由不量入為出，而反計費以取民，是以末流之弊，不可勝救。愚意：莫若因制國用之名，而遂修其實，明降詔旨，哀憫民力之凋悴，而思所以膏澤之者。令逐州縣各具民田一畝，歲入幾何，輸稅幾何，非泛科率又幾何。州縣一歲所收金穀總計幾何，諸色支費總計幾何，有餘者歸之何許，不足者何所取之，俟其畢集，然後選忠厚通練之士數人，類會考究，而大均節之，有餘者取，不足者與，務使州縣貧富，不至甚相懸。則民力之慘舒，亦不至大相絕矣。《朱子文集大全類編》第五冊書札卷二答張敬夫書四

以上數則，都是這派所說為政必先充足民力的話。

第三目　制　度

所謂制度，就是實施政治的方案，條目工夫，非常繁瑣。本書所討論的或敘述的，是偏重思想方面的。至於政治上各項實施細節，本書不得不從略，且因篇幅有

限，也不能一概敘述。所以本目是述理學家所主張的制度原理，並不是制度的本身細節。這種制度的原理，一言以蔽之，就是復古，所謂計上世之事，行先王之制。現在引述理學家主張恢復古制的話，以資證明。

周子說：

> 古者（《近思錄》無者字）聖王，制禮法，修教化，三綱正，九疇敘，百姓大和，萬物咸若，乃作樂以宣八風之氣，以平天下之情。故樂聲淡而不傷，和而不淫（《近思錄》作流），入其耳，感其心，莫不淡且和焉。淡則慾心平，和則躁心釋。優柔平中，德之盛也。天下化中，治之至也，是謂道配天地，古之極也。後世禮法不修，政刑苛紊，縱慾敗度，下民困苦。謂古樂不足聽也，代變新聲，妖淫愁怨，導慾增悲，不能自止，故有賊君棄父，輕生敗倫，不可禁者矣！嗚呼！樂者，古以平心，今以助慾。古以宣化，今以長怨。不復古禮，不變今樂，而欲致治者遠矣！（《近思錄》作哉）

這是周子主張恢復古代禮樂的話。

張子說：

仁政必自經界始。貧富不均，教養無法，雖欲言治，皆苟而已。世之病難行者，未始不以亟奪富人之田為辭。然茲法之行，悅之者眾，苟處之有術，期以數年，不刑一人而可復。所病者特上未之行爾（《近思錄》作特上之人未行耳）。乃言曰：縱不能行之天下，猶可驗之一鄉。方與學者，議古之法，共買田一方，盡為數井，上不失公家之賦役，退以其私正經界，分宅里，立斂法，廣儲蓄，興學校，成禮俗，救災恤患，敦本抑末，足以推先王之遺法，明當今之可行，此皆有志未就。《張子全書》卷十五附錄行狀呂大臨撰

治天下不由井田，終無由得平。周道只是均平。《近思錄》卷九引《張子語錄》

朱子說：

此卻須就今日邊郡官田，略以古法，畫為丘井溝洫之制，亦不必盡如周禮古制，但以孟子所言為準，盡為一法使通之。邊郡之地，已有民田在其間者，以內地見耕官田易之，使彼此無疆場之爭，軍民無雜井之擾。此則非惟利於一時，又可漸為復古之緒。高明試一思之。《朱子文集大全類編》第五冊書札答張敬夫書四

這是張子、朱子主張恢復古代田制的話。

張子説：

> 古者有東宮，有西宮，有南宮，有北宮，異宮而同財，此禮亦可行。《近思錄》卷九引《張子樂説》文

這是張子主張恢復古宮室制的話。

陽明説：

> 古之教者，教以人倫，後世記誦詞章之習起，而先王之教亡。今教童子，惟當以孝弟忠信禮義廉恥為專務。其栽培涵養之方，則宜誘之歌詩以發其志意，導之習禮以肅其威儀，諷之讀書以開其知覺。今人往往以歌詩習禮為不切時務，此皆末俗庸鄙之見，烏足以知古人立教之意哉？《陽明全書》卷二傳習錄中訓蒙大意示教讀劉伯頌等

這是陽明主張恢復古代教育的話。

程子説：

> 蓋無古今，無治亂，如生民之理有窮，則聖王之法可改。後世能盡其道則大治，或用其偏則小康，

此歷代彰灼著明之效也。苟或徒知泥古而不能施之於今，姑欲循名而遂廢其實，此則陋儒之見，何足以論治道哉？然儻謂今人之情，皆已異於古，先王之跡，不可復於今，趣便目前，不驚高遠，則亦恐非大有為之論，而未足以濟當今之極弊也。《明道文集》卷二奏疏表論十事札子

象山說：

天下有不易之理，是理有不窮之變，誠得其理，則變之不窮者，皆理之不易者也。理之所在，固不外乎人也。而人之生，亦豈能遽明此理而盡之哉？開闢以來，君臣之相與倡和彌縫，前後之相與緝埋更續，其規恢締建之廣大深密，咨詢計慮之委曲詳備，證驗之著，有足以析疑。更嘗之多，有足以破陋。被之載籍，著為典訓。則古制之所以存於後世者，豈徒為故實文具而已哉？以不易之理，禦不窮之變，於是乎在矣。學之以入官，操之以議事。政之不迷，固其所也。《象山全集》卷三十二拾遺學古入官議事以制政乃不迷

這是程子、象山統論復古學古的話。關於理學家主張復古的議論，自然很多，但有了上面所引各條，已可

知道一個大概，其餘從略。

第四目　齊家之道

本目所討論的，是怎樣才能使家庭和合，充滿一團親熱和快樂的氣象。但組織家庭的要素，是父子、夫婦、兄弟、主僕四種關係人物。所以現在就分這四點去敘述。

第一、父子間：子對父母要柔順養志。父母對子要謹嚴訓教。程子說：

> 幹母之蠱之道也。（《近思錄》作不可貞）夫子之於母，當以柔巽輔導之，使得於義。不順而致敗蠱，則子之罪也。從容將順，豈無道乎？以婦人言之，則陰柔可知。若伸己剛陽之道，遽然矯拂則傷恩，所害大矣！亦安能入乎？在乎屈己下意，巽順將（將《近思錄》作相）承，使之身正事治而已。《伊川易傳》卷二上經蠱九二

> 以陽處剛而不中，剛之過也。然而在巽體，雖剛過而不為無順，順，事親之本也。同上九三傳

張子說：

舜之事親有不悅者，為父頑母囂，不近人情。若
中人之陞，其愛惡略無害理，姑必順之。《近思錄》卷
六引《張子記說》

江永引葉氏語解釋這句說：

事親以順為主，非甚不得已者，不可輕為矯拂
也。《近思錄》江永集註卷六註
勇於從而順令者伯奇也。《張子全書》卷一西銘

象山說：

損先難而後易。人情逆之則難，順之則易。凡損
抑其過，必逆乎情，故先難。既損抑以歸於善，則順
乎本心，故後易。……巽稱而隱，巽順於理，故動稱
宜，其所以稱宜者，非有形跡可見，故隱。
巽以行權，巽順於理，如權之於物，隨輕重而
應，則動靜稱宜，不以一定而悖理也。九卦之列，君
子修身之要，其序如此，缺一不可，故詳復贊之。以
上均《象山全集》卷三十四嚴松年錄

朱子說：

凡子受父母之命，必籍記而佩之，時省而速行之。事畢則返命焉。或所命有不可行者，則和色柔聲，具是非利害而白之，待父母之許，然後改之，若不許，苟於事無大害者，亦當曲從。若以父母之命為非，而直行己志，雖所執皆是，猶為不順之子，況未必是乎？

凡父母有過，下氣怡色，柔聲以諫，諫若不入，起敬起孝，悅則復諫。不悅，與其得罪於鄉黨鄰閭，寧熟諫。父母怒不悅，而撻之流血，不敢疾怨，起敬起孝。以上均《朱子家禮》通禮司馬氏居家雜儀

以上的話，可以證明子對父母要柔順。
張子說：

親之故舊所喜者，須極力招致，以悅其心。凡於父母賓客之奉，必極力營辦，亦不計家之有無。然為養又須使不知其勉強勞苦，苟使見其為而不易，則亦不安矣。《近思錄》卷六引《張子記說》

江永引葉氏的話解釋這節說：

所謂養志者也。見《近思錄》江永集註卷六註

朱子説：

凡子事父母，樂其心，不違其志。樂其耳目，安其寢處，以其飲食忠養之。幼事長，賤事貴，皆仿此。《朱子家禮》通禮司馬氏居家雜儀

孝子之身存，則其事親者，不違其志而已。西銘註見《張子全書》卷一

以上的話，可以證明子對父母要養志。程子説：

治家之道，以正身為本，故云反身之謂。《爻辭》謂治家當有威嚴，而夫子又復戒云：「當先嚴其身也。」威嚴不先行於己，則人怨而不服。《伊川易傳》卷三下經家人上九

先姚夫人姓侯氏。事舅姑以孝謹稱。……先公凡有所怒，必為之寬解。唯諸兒有過則不掩也。常曰：子之所以不肖者，由母蔽其過，而父不知也。夫人男子六人，所存惟二，其慈愛可謂至矣。然於教之之道，不必假也。《伊川文集》卷八上谷郡君家傳

以上的話，可以證明父對子要謹嚴訓教。

第二、夫婦間：要貞靜。程子説：

守其幽貞，未失夫婦常正之道。世人以媟狎為常，故以貞靜為變常。不知乃常久之道也。《伊川易傳》卷四下經歸妹九二

葉氏解釋這節說：

貞靜乃相處可久之道，媟狎則玩侮乖離自生。見《近思錄》江永集註卷六

第三、兄弟間：要相好不要相猶。這是說兄弟間彼此應盡自己的心向好的方面做。例如兄對弟好，弟自然要對兄好，就是兄對弟不好，弟也要拿好對兄，不要以為兄對弟壞，也學兄的樣，拿壞去對付兄。所以張子說：

斯干詩言：「兄及弟矣，式相好矣，無相猶矣。」言兄弟宜相好，不要相學，猶、似也。人情大抵患在施之不見報，則輟，故恩不能終。不要相學，已施之而已。《近思錄》卷六引《張子詩說》

第四、對僕人要提掇更謹。所謂提掇更謹，就是蒞之以莊，御之以道，令其自不敢惰慢，非徒尚威嚴的意思。張子說：

婢僕始至者，本懷勉勉敬心。若到所提掇更謹，則加謹。慢則棄其本心，便習以性成，故仕者入治朝則德日進，入亂朝則德日退。只觀在上者，有可學無可學爾。《近思錄》卷六引《張子語錄》

　　上面四點，是就各有關係人物立論的。除此以外，還有兩點是普通的。現在略述於後：

　　一、以孝弟為本。程子說：

　　問行狀云：盡性至命，必本於孝弟，不識孝弟，何以能盡性至命也。曰：後人便將性命別作一般事說了。性命孝弟，只是一統底事。就孝弟中，便可盡性至命。《近思錄》卷八引《二程遺書》語

　　象山說：

　　生於末世，故與學者言，費許多氣力。蓋為他有許多病痛。若在上世，只是與他說入則孝出則弟。初無許多事。《象山全集》卷三十四語錄傅子雲錄

　　這點不單說明孝弟是齊家的道，並且說明孝弟是一切道德的基礎，和有子所說的「孝弟也者，其為人之本

歟」的意思差不多。所以這派人要特別的鼓勵人家努力實行孝弟。

二、去私。程子說：

「問第五倫視其子之疾，與兄子之疾，不同，自謂之私，如何？曰：不待安寢，與不安寢，只不起與十起，便自私也。父子之愛本是公，才著些心做，便是私也。」

「又問視己子與兄子有間否？曰：聖人立法，曰，兄弟之子猶子也，是欲視之猶子也。」

「又問天性自有輕重，宜若有間然。曰：只為今人以私心看了。孔子曰：父子之道，天性也。此只就孝上說，故言父子天性。若君臣兄弟賓主朋友之類，亦豈不是天性。只為今人小看卻，不推其本所由來故爾。己之子與兄之子，所爭幾何？是同出於父者也。只為兄弟異形，故以兄弟為手足。人多以異形故，親己之子異於兄弟之子，甚不是也！」以上見《近思錄》卷六引《程氏遺書》

第五目　處事之方

這一目的意義，本和前一綱出處進退辭受之義相似。但因本目所偏重的是方法，出處進退辭受之義一目所偏重的是修養，所以把它列在《存養》一綱內，而把這目列在《論政治》綱內。並且有些相同的地方，也不省略，不過引證簡約一些。現在分條敘述於後：

第一、處事要誠。程子說：

> 夫鐘，怒而擊之則武，悲而擊之則哀，誠意之感而入也。告於人亦如是，古人所以齋戒而告君也。臣前後兩得進講，未嘗敢不宿齋預戒，潛思存誠，覬感動於上心。若使營營於職事，紛紛其思慮，待至上前，然後善其辭說，徒以煩舌感人，不亦淺乎？伊川先生上疏

> 觀公之意，專以畏亂為主，頤欲公以愛民為先。力言百姓飢且死。丐朝廷哀憐，因懼將為寇亂，可也。不惟告君之體當如是，事勢亦宜爾。公方求財以活人：祈之以仁愛，則當輕財而重民；懼之以利害，則將恃財以自保。古之時，得丘民則得天下。後世以兵制民，以財聚眾，聚財者能守，保民者為迂，惟當以誠意感動，覬其有不忍之心而已。伊川答人示奏藁

明道為邑，及民之事，多眾人所謂法所拘者，然為之未嘗大戾於法，眾亦不甚駭。謂之得伸其志則不可；求小補，則過今之為政者遠矣。人雖異之，不至指為狂也。至謂之狂，則大駭矣。盡誠為之，不容而後去，又何嫌乎？

今之監司，多不與州縣一體。監司專欲伺察，州縣專欲掩蔽。不若推誠心，與之共治。有所不逮，可教者教之，可督者督之。至於不聽，擇其甚者去一二，使足以警眾可也。

或問：簿，佐令者也。簿所欲為，令或不從，奈何？曰：當以誠意動之。今令與簿不和，只是爭私意。令是邑之長，若能以事父兄之道事之，過則歸己，善則唯恐不歸於令，積此誠意，豈有不動得人。

江永說：

按此條合之監司一條，上之使下，下之事上，皆以誠本。以上均見《近思錄》江永集註卷十本文及註

陽明說：

聖，誠而已矣！君子之學，以誠身。格物致知

者，立誠之功也。譬之植焉，誠其根也。格致其培壅而灌溉之者也。後之言格致者，或異於是矣，不以植根而徒培壅焉，灌溉焉，敝精勞力而不知，其終何所成矣。《陽明全書》卷八文錄五雜著書王天宇卷甲戌

第二、處事要中。周子説：

惟中也者，和也。中節也，天下之達道也，聖人之事也。故聖人之教，俾人自易其惡，自至其中而止矣。《周子全書》卷一通書師第七

程子説：

師之九二，為師之主。恃專則失為下之道，不專則無成功之理。故得中為吉。凡師之道，威和並至則吉也。

隨九五之象曰：孚於嘉吉，位正中也。傳曰：隨以得中為善。隨之所防者過也。蓋心所説隨，則不知其過也。以上《伊川易傳》上經師九二隨九五

張子説：

學者中道而立，則有位以弘之。無中道而弘則窮。大而失其居，失其居則無地以崇其德，與不及者同。《張子全書》卷二正蒙中正篇第八

陽明説：

　　中只是天理，只是易，隨時變易，如何執得？《陽明全書》卷一傳習錄上答王嘉秀問

象山説：

　　知所可畏，而後能致力於中。知所可必，而後能收效於中。夫大中之道，固人君之所當執也。《象山全集》卷三十二拾遺人心惟危……

　　第三、處事要謀始。所謂謀始，就是對於事的開端要謹慎的意思。如果開端時能謹慎，那麼於幾微之間，也能深察明白。這樣做起事來，就不會生出多大的惡果。所以謹始研幾，是這派人所極力主張的。程子説：

　　君子觀天水違行之象，知人情有爭訟之道，故凡所作事，必謀其始。絕訟端於事之始，則訟無由生

矣，謀始之義廣矣。若慎交結，明契券之類是也。《近思錄》卷十引《伊川易傳》

張子說：

姤初六羸豕孚蹢躅，豕方羸時，力未能動，然至誠在蹢躅，得伸則伸矣。如李德裕處置閹官，徒知其帖息威伏，而忽於志不忘逞，照察少不至，則失其幾也。《近思錄》卷十引《張子易說》

此顏子所以克己研幾，必欲用其極也。《張子全書》卷二正蒙中正篇第八

第四、處事要無意，所謂無意，就是處事任其自然，當為則為，不當為則不為，不可有意造作。

程子說：

大抵六尺之軀，力量只如此，雖欲不滿，不可得也。如鄧艾位三公，年七十，處得甚好，及因下蜀有功，便動了。謝安聞謝元破符堅，對客圍棋，報至不喜。及歸折履齒，強終不得也。更如人大醉後益恭謹者，只益恭謹，便是動了。雖與放肆不同，其為酒所動一也。又如貴公子，位益高，益卑謙，只卑謙，便

是動了。雖與驕傲者不同，其為位所動一也。

　　人才有意於為公，便是私心。昔有人典選，其子弟係磨勘，皆不為理，此乃是私心。人多言古時用直，不避嫌得，後世用此不得。自是無人，豈是無時？《近思錄》卷十引《二程遺書》

江永解釋這條說：

　　不為理磨勘者，避私嫌也。有意避嫌，雖公亦私。苟能以大人之心行之，當遷則遷，當黜則黜，何嫌之避？亦何時而不可行？見《近思錄》江永集註卷十註

　　除了這四點以外，還有許多方法，但這幾點，卻比較重要，所以詳述，其餘從略。

結　論

　　關於本書應申述的話，在緒論裡已說的很詳盡，在
這裡本沒有多大的話要說；不過有兩點要說明的，就是：
理學的思想，是一種無所不包無所不載的思想，上自宇
宙萬有的理，下至處事之方，千頭萬緒，無不應有盡有，
但本書因篇幅有限，未能一一敘述，甚為憾事！惟是我
們所用的編述的方法，比較合理，所以對於理學的面目，
全部畫出了一個輪廓，叫讀者容易認識。此外理學實在
是一種切實的學問，很有功於人生社會國家；不過因它
過於廣大深遠，不是一般沉醉於物質的人，所能實行或
者了解的，因此有許多人認它為一種虛空的學問。其實
不是理學自身的虛空，而是人們不能遵照去做。譬如登
高山一般，山何嘗算高呢？天下最高的山，也有一個頂，
不是絕對不可登的，但是人不肯舉足，立在山下，舉目
仰望，就以為高，這到底是山高，還是人弱呢？我們覺
得理學的好處，是真實適於理想完善的人生。理學家的

長處，就是他們不單說理，而能腳踏實地去做；所以希望信仰理學的人，要真真實實學那理學家實行的精神！

研究問題

1. 太極與太和的異同。

2. 理氣的異同及陰陽和宇宙的關係。

3. 心與性之關係及其作用。

4. 理學的鬼神論若何？

5. 人與物的同異。

6. 為學的目的及其意義若何？

7. 窮理與格物的意義及其方法。

8. 程朱和陸王的異點如何？

9. 修養的目的及其意義若何？

10. 修養的方法有幾？試論其切於實用與否？

11. 改過遷善及克己復禮的意義若何？

12. 對於出處進退辭受應有甚麼態度。

13. 人的最初心理是怎樣的？應用甚麼方法才能保持原有的心理狀態？

14. 怎樣補救病態的心理？

15. 理學的政治基礎觀念是怎樣的？

16. 制度的原理是甚麼？

17. 齊家與處事的修養及其方法。

18. 對於理學的批評及本書的意見。

參 考 書

　　《周子全書》《皇極經世》《張子全書》《二程遺書》《二程外書》《二程粹言》《伊川經說》《伊川易傳》《明道文集》《伊川文集》《朱子文集大全類編》《朱子語類》《朱子家禮》《象山文集》《陽明全書》《近思錄》(江永集註)《性理精義》《宋元明學案》《中國哲學史綱要》(中華出版)